巴比倫
最有錢的人

刻字匠阿卡德的財富自由之路

傳承百年，獲得財富與幸福的五大黃金法則

The Richest Man In Babylon

GEORGE SAMUEL CLASON

喬治·山繆·克拉森——著　蔡宗翰——譯

目次

前言

國家繁榮與否，取決於是否能藏富於民。

本書探討如何憑藉個人的努力和才能，成功致富。首先，要做好充分準備，透徹了解致富之道，然後三思而後行。

如果你總是覺得錢不夠用，本書是你最好的理財指南。任何想要成功致富的人，可以從本書中找到賺錢、存錢，以及讓錢滾錢的方法。

在接下來的章節裡，我們將穿越時空，回到古巴比倫。現在金融圈中大家熟知的原則，都是來自於巴比倫文明。

筆者在此祝福初次閱讀本書的新讀者，願你們像全國的其他讀者一樣，在本書中發現生財的靈感，成功致富，解決個人財務困難。

筆者也感謝幫忙推薦本書的商界主管，謝謝你們介紹本書給親朋好友和同事員工。你們的成功經歷和理財之道，為本書提倡的原則作了最好的背書。

巴比倫之所以成為古文明中最富裕的城市，是因為它的居民是那個時代最富有的人。他們了解錢的價值，懂得賺錢的方法、存錢的原則、以財生財的訣竅。他們為自己和家人規劃未來的財富，值得我們學習。

——喬治・克拉森

一

想致富的男人

在古老的巴比倫，有一個人叫班西爾，他專門建造馬車。此時，他坐在房屋周圍的矮牆上，洩氣極了。班西爾悲哀地看著自己簡單的家和開放的工作坊，工作坊裡有一輛蓋了一半的馬車。

他的妻子經常跑到門邊，偷偷地朝他的方向看個一眼。每一次他瞥見妻子的身影，就想到家裡的食物快吃完了。他應該要趕工才是，加快動作地錘啊磨的，拋光上漆，拉緊輪圈上的皮索，完成馬車，準備交貨，這樣就可以從有錢的客戶那裡收取貨款。

可是，他卻呆坐在牆上，肥壯的身體依然一動也不動。他不太靈光的腦袋現在正糾結在一個他還不知道答案的問題上。在幼發拉底河谷的豔陽下，大顆大顆的汗珠從班西爾的額頭上滑落到他毛茸茸的胸膛，他卻渾然不覺。

從他坐的地方，可以看到環繞著國王宮殿的高聳城牆。不遠處，劃破湛藍天空的是貝爾神廟的彩繪塔。在這片宏偉建築的環伺下，是他樸實無華的家，和其他許多更雜亂又缺乏修整的房子。巴比倫就是這樣，富麗堂皇和骯髒汙穢，奢靡絢麗和窮困潦倒，全部都在城牆內毫無章法地湊在一塊。

如果他往身後看，班西爾會發現有錢人的喧鬧馬車把穿涼鞋的小販和赤腳的乞丐擠到街邊。可是碰到了幫國王挑水的奴隸隊伍，這些有錢人也不得不讓道，閃到暗巷溝渠內。一列又一列的奴隸長隊，每一個人都揹著沉重的羊皮水囊，要運到國王的空中花園去。

可是班西爾全神貫注在自己的問題上，完全沒有聽到或留意這座繁忙城市的喧囂。突然，一聲熟悉的里拉琴撥弦聲喚醒了他。班西爾轉過身，看到一張善解人意的笑臉，是音樂家科比，他最好的朋友。

「我的好朋友啊，願諸神賜予你滿盈的福慧。」科比有些浮誇地行了禮。「但是，既然你不用工作，看來祂們已經非常慷慨了。我真是為你的好運高興萬分啊。那麼，讓我分享你的好運吧。既然你現在不忙，定是已經腰纏萬貫，那何不施點小惠，借我個兩塊吧。今天晚上貴族的盛宴之後，我就拿來還你，包準你完全不會發現它們短暫的告別。」

「如果我真有兩塊，」班西爾哀怨道，「我誰也不能借，甚至是你，我最好的朋友；因為這兩塊會是我全部的財產。沒有人會把全部的財產借人，就算是給他最好的朋友。」

「什麼！」科比驚訝地說道。「你的錢包裡連一塊也沒有，可是你卻坐在那裡，像牆上的雕像一動也不動！為什麼不完成那輛馬車呢？不然，你要怎麼滿足你挑嘴的胃口呢？這一點都不像你，我的朋友。你充沛的活力跑到哪裡去了？有什麼事讓你煩心嗎？天神降下了什麼麻煩嗎？」

「真的是天神的折磨啊。」班西爾附和著。「一開始，我作了一場夢，一場毫無意義的夢。在夢裡，我以為我是一個有錢人。我的皮帶上懸了一個精美的錢包，錢包裡塞滿了錢。裡面滿是銅板，我可以隨手撒給乞丐；也有好多白銀，我幫妻子買了些華服珠寶，也買了自己想要的東西；裡頭的金幣讓我不用為未來擔心，也不怕白銀花光。我滿足極了！你會認不出我來，畢竟我不再是你那勤奮的朋友；你也會認不得我的妻子，她的臉上再也沒有皺紋，而是洋溢著幸福的光芒，就像我們剛結婚時那樣，是個有著燦爛笑容的少女。」

科比說：「這是一場好夢。但為什麼這麼愉快的夢境反而讓你在牆上苦惱憂鬱呢？」

「是啊，為什麼呢？因為，當我醒來並想到我的錢包有多空虛的時候，我突然只想跳脫現在的生活。讓我們一起回想一下，因為正如水手常說的，我們兩個人一直都在同一條船上。小時候，我們一起去祭司那裡讀書。年輕時，我們一同找樂子。成年後，我們都還是很好的朋友。一直以來，我們都很滿意自己的人生：拚命工作賺錢，然後自由地花用。這些年來，我們已經賺了不少，但是說到財富帶來的快樂，我們還是只能作著白日夢。呸！我們只是愚蠢的羊嗎？我們生活在世界上最富有的城市。每個四處遊歷過的人都說確實沒有比這裡更富有的地方了。在我們周遭也盡可以看到什麼叫有錢，但我們自己卻什麼也沒有。經過半生辛勞，你，我最好的朋友，只有一個空錢包，還對我說：『在今天晚上貴族的盛宴前，我可以先借個兩塊嗎？』這樣，我該怎麼回答？我是要說：『這是我的錢包；就拿去用吧』？才不是，我只能承認我和你一樣什麼都沒有。這是怎麼一回事？為什麼我們沒有綽綽有餘的金銀財寶，只能求得溫飽？」

班西爾繼續說：「再想想我們的兒子，不就是步上我們的後塵？他們，和他們的家人，和他們的兒子和他們兒子的家人，一生都住在這樣的寶庫裡。但是像我們一樣，他們如果能大喝羊奶和大吃稀飯就要謝天謝地了。」

「班西爾，我們當了那麼久的朋友，你從來沒有說過這樣的話。」科比好困惑。

「這些年來，我從來沒有這樣想過。從早到晚，我一直努力工作著，製作無人能及的精美馬車，並衷心希望哪一天天神能看到我的認真勤奮，然後一筆財富從天而降。但這從來沒有發生過。而現在，我也意識到這永遠不會發生。我非常難過，我好想成為一個有錢人。我希望擁有土地和牲畜，有精美的衣袍和塞滿錢的錢包。為了這一切，我願意竭盡全力、就我所能、盡我所思，但我不過就是希望我的努力能有豐厚的回報。但我們到底是怎麼一回事，我再問你一次！別人生活那麼富裕，什麼都能買，為什麼我們連一份也無？」

「我怎麼可能會知道答案？」科比回答。「我和你一樣不滿足啊。我彈里拉琴賺的錢一下就花完了，我總是得絞盡腦汁才能確保我的家人不會餓著。而且，我好想要一把大一點的里拉琴。我心中浮現的音樂，要這樣的樂器才能真正地演奏出來。如果有一把，我可以彈奏出比國王以前所聽過的音樂還要細膩悅耳的樂音。」

「你應該擁有這樣的里拉琴。」班西爾說。「在巴比倫，沒有人能用它奏出更甜美的樂音；可以使它如此甜美地唱著，不僅國王，而且眾神都會雀躍不已。但是我們兩人都像國王的奴隸一樣窮，你怎麼可能新買一把呢？欸，有沒有聽見那個鈴鐺聲！他們來了。」班西爾指著一列列揹著水、滿頭大汗的半裸奴隸，他們費力地從河邊拖著腳步爬上狹窄的街道。五人一列，每個人都在沉重的羊皮水囊下躬著身子走著。

「那個領頭的人，好高壯神氣。」科比指著那個在隊伍前頭、戴著鈴鐺的人，他什麼也沒揹。「在他的國家裡，他一定是個重要的人物。」

班西爾說：「隊伍裡有很多壯漢啊，跟我們一樣都是好男兒。有從北方來的金髮高個兒，有黝黑的南方佬，有從鄰國來的、褐色皮膚的小個子。所有人來回河邊和花園，日復一日，年復一年。什麼幸福都無法盼望，只能以稻草為蓆，粗麥果腹。同情這些可憐的野蠻人吧，科比！」

「我可憐他們。但是，你讓我明白了，儘管我們自認是自由的人，我們實在沒有比他們好到哪裡去。」

「科比，的確如此，儘管這是殘酷的事實。我們不想年復一年繼續過著奴隸一般的生活。工作，工作，工作！卻一無所獲。」

「也許我們可以到處探聽一下，看別人是怎麼賺錢的，然後跟著做？」

科比問。

班西爾若有所思地回答：「如果我們找一下那些知道如何致富的人，我們或許可以學到他們的祕招。」

科比建議：「就在今天稍早，我遇見我們的老朋友阿卡德，他駕著他的馬車出門。我要說的是，他沒有像很多和他相同地位的人一樣，無視我的存在。相反地，他揮了揮手，所有的圍觀者大概都能看到他問候音樂家科比，並友善地微笑著。」

班西爾沉吟：「據說他是巴比倫最有錢的人。」

科比回答：「據說有錢到國王要找他來添補國庫支出。」

班西爾打斷：「有錢到我擔心如果我在暗夜裡遇見他，我應該會摸走他鼓鼓的錢包。」

科比譴責道：「胡說八道，一個人的財富不在他的錢包裡。如果沒有持續地注入黃金，一個鼓鼓的錢包也會變空。阿卡德的收入一直維持著他的開銷，無論他花了多少錢。」

「收入，就是這個。」班西爾大喊。「我希望我能有一筆收入持續地湧入我的錢包裡，無論我坐在牆上或是去遙遠的地方。阿卡德一定知道該如何創造收入。你覺得他可以讓我這樣的笨頭腦弄清楚這件事嗎？」

科比回答說：「我想，他有把知識傳給了他的兒子諾瑪西。你在旅館沒有聽說過嗎？諾瑪西去了尼尼微，在沒有父親的幫助下，他就成了尼尼微最富有的人之一。」

「科比，我突然想到，」班西爾的眼中燃起了一道新的光彩。「請好友開示一下也不會花到錢，而阿卡德又是一個好人。現在不是在意我們的錢包和一年前的獵鷹巢一樣空的時候。別再拖拖拉拉了。我們厭倦了在富裕中卻分不到一杯羹，我們希望成為有錢人。來，讓我們去找阿卡德，問他要怎麼獲得財富。」

「班西爾，你的建議真好。你讓我赫然意識到為什麼我們一直都沒有錢。我們從來不尋找。你已經努力在巴比倫建造最堅固的馬車，竭盡全力地工作。因此，你成功了。我努力成為一名高超的里拉琴演奏家，而我的確做到了。

「在我們盡力而為的那些事情中，我們獲得了成功。所以天神滿意地讓我們繼續下去。現在，終於，我們看到了一束光，像日出那樣的光亮。它讓我們想學習更多，然後過更優渥的生活。有了這個新的認識，我們會找到光彩的方式來實現我們的願望。」

班西爾敦促說：「我們今天就去找阿卡德。而且，讓我們也問一下我們少年時代的其他朋友吧。他們的日子也沒有好到哪裡去。這樣，大家就可以一起分享阿卡德的智慧。」

「班西爾，你這麼為你的朋友著想，難怪你有很多朋友。就如你所說，我們今天就行動，帶著大家一起去。」

二

巴比倫最有錢的人

在古老的巴比倫，有一個叫阿卡德的人，大家都知道他非常有錢，大家也都知道他樂善好施、大方解囊。他對家人慷慨，也從不吝於為自己花錢。儘管如此，他的財富每年都在增長，花得多，賺得更多。

最近，有些年輕時的朋友來找他：「阿卡德你實在比我們幸運多了。在我們為溫飽打拚時，你已經成為巴比倫最有錢的人。你可以穿金戴銀，吃香喝辣。如果我們能讓家人穿上可以出得了門的衣服，並盡我們所能地把他們餵飽，我們就要滿足了。

「可是，從前我們可是半斤八兩。我們在同一個地方讀書，玩一樣的遊戲。無論是學習或玩樂，你也沒有特別出色。在後來的人生裡，你也和我們過得沒什麼兩樣。

「就我們看來，你也沒有更加努力或更認真地工作。那麼，為什麼善變難測的命運之神會挑中你，讓你享受生活中所有的美好事物，卻無視我們。我們也應該得到這樣的享受啊。」

聽到這，阿卡德向他們抗議：「如果說，這些年下來，你們就一直只是過著勉強餬口的生活，那麼不是你們沒有學到理財的方法，不然就是不懂得如何實踐。

「『善變難測的命運』是一個惡毒的女神，不會一直給人甜頭。反而，她施予意外之財，卻也帶來毀滅。她造就亂花錢的人，散盡千金，什麼也不剩，最後空留自己過度膨脹而無法滿足的想望。同時，有另一群受她眷顧的人變成了小氣鬼，只會囤積財富，卻害怕花錢，因為知道憑自己之能沒辦法再賺到更多的錢。這些人也害怕盜匪，成天憂慮，人生注定陷落在空虛和悲慘中。

「可能還有一些人，他們不但得到意外之財，還繼續累積財富，並快樂知足地生活著。但是，就我所知，這樣的人很少。你們想想，那些某天突然繼承了一筆財富的人，他們的人生都變得如何呢？」

對此，阿卡德的朋友都說，突然繼承了財富的人，真的很少過得順遂，多是落到不堪的下場。他們懇求阿卡德告訴他們自己如何致富。所以阿卡德說了下去：

「在我年輕的時候，我環顧四周，看到了所有可以帶來幸福和滿足的美好事物。我意識到財富能讓一切變得更好。

「財富是一種力量。有了錢，許多事情變得有可能。

「有了錢，可以把家裡布置得富麗堂皇，可以遠行，可以在異國一嚐珍饈，可以買到華品美器，甚至可以為神建造神廟。可以做所有這些事情和其他好多事情，讓感官愉悅，讓靈魂滿足。

「所以，當我了解到這一切之後，我決定得取我應得的部分，享受生活中的美好。我不會遠遠羨慕地看著別人享受。我才不要只是穿便宜貨，就受人尊重，這樣我也不會滿足。要我過窮人的生活，我才不要。相反地，我要讓自己盡情享樂。

「正如你們所知道的，我不過只是一個平凡商人的兒子，而且生在大家族裡，也沒有繼承什麼財產的希望。你們也都直接說了，我沒有什麼才能或智慧。所以我決定，如果要達到自己的希望，我需要時間和學習。

「關於時間，每個人時間都很多。你們每個人都花了很多時間想讓自己變得富有。但是，你們也承認，除了家庭，自己什麼也沒有。但是一個好的家庭，也是值得驕傲的。

「至於學習，我們睿智的老師不是教過我們，學習有兩種：一種是我們學到和知道的東西，另一種則是讓自己辨認未知的訓練。

「因此，我決定要知道怎麼累積財富，然後知道了以後，我要把事情做好做滿。因為，人生在世，我們不就是應該積極朝著光亮前進，這樣才是明智的選擇。畢竟，當我們進入到幽冥的晦暗時，就只剩下悲傷了。

「我在市政廳的資料庫找了一份刻寫的工作，每天從早到晚在泥板上印刻。我日復一日，經年累月地工作，但我的收入毫無增加。光是花在食物、衣服、給神明的供養，和一些我已經想不起來的東西上，我的收入就沒了。

但是，我的決心並沒有動搖。

「有一天，錢莊老闆阿格米希來到市政廳，要一份《第九條法》的副本。他對我說他兩天內就要，如果能及時完成，他會給我兩枚銅幣。

「我瘋狂趕工，但是條文很長，當阿格米希來時，我還沒完成。他很生氣，要是我是他的奴隸，早就被毒打一頓。但是我知道市長不會允許他傷害我，所以並不害怕。我對他說：『阿格米希，你是一個非常有錢的人。如果你告訴我要怎樣也能變得有錢，我會整夜趕工，當太陽升起時，刻文就會完成。』

「他微笑著說：『你這個冒進的小子，但就算我賺到了吧。』

「整晚我一直刻著，儘管背好痛，燈芯的氣味也讓我頭痛到眼睛幾乎要睜不開了。但在日出時，我完成了刻文，等著阿格米希駕到。

「我說：『現在，告訴我你答應過我的事。』

「『孩子，既然你實踐了你的承諾，』他友好地對我說，『我也準備履行我的諾言。我會告訴你，你想知道的這些事情，因為我愈來愈老了，總愛提當年勇。當年輕人向老人尋求建議時，他獲得的是經年累月的智慧，但年輕人常常認為，老人只知道往昔的智慧，沒有用。可是要記得，今天的日光，和你父親出生時的日光，是一樣的，而當最後一位子孫遁入黑暗時，日光仍然照耀。』

「他繼續說：『年輕人的思緒是明亮的光，像流星一樣耀眼，燦爛地劃破天際。但老人的智慧就像固定的繁星，亙古恆常，讓水手有所依歸。

「『記住我的話。因為如果你不這樣做，你將無法理解我要告訴你的真理，而你會以為你的徹夜工作是徒勞的。』

「我看著他粗亂的眉毛下精明的目光。阿格米希用低沉有力的語氣對我說：『當我決定要從我賺取的全部收入裡留下一部分，我就找到了通往財富的道路。你也要這樣做。』

「然後他又看了我一眼，目光如刺，但什麼話也沒說。

「『就這樣？』我問。

「他說：『這足以讓牧羊人變成財主。』

「『可是，不是我賺的就全都是我的嗎？』我追問。

「『才不是，』他回答。『你不付錢給裁縫嗎？你不付錢給鞋匠嗎？你吃東西不付錢嗎？你可以住在巴比倫卻一毛都不花嗎？你過去這個月的收入換得了什麼？過去一年的收入又被別人看到了嗎？傻瓜！你付錢給所有人，卻不為自己花。蠢材，你為他人做工，那麼去當誰的奴隸還好一些，至少主人會給你吃穿。如果你為自己留了全部收入的十分之一，那麼十年後你會擁有多少呢？』

「我對數字還有一點概念。我回答說：『我一整年的收入。』

「『你只說對了一半，』他說，『你存下的每塊金幣都是為你工作的奴隸。它賺到的每一個銅錢，都是可以繼續為你賺錢的子子孫孫。如果你變得富有，那麼你存的錢要能繼續賺，錢要能滾錢，所有這一切都可以讓你達到你渴望的富足。』

「他繼續說：『你覺得你徹夜趕工是我騙了你，但其實你大賺了一筆，如果你有足夠的智慧去理解我給你的真理。

「『從你賺取的收入裡，為自己留一部分。無論賺多少，都不應該少於十分之一。你可以負擔多少，就留多少。為自己花錢。如果剩得不多，就先不要向裁縫買衣服或向鞋匠買鞋，先確保有足夠的食物、施捨和對神明的供養。

「『財富像一棵樹，從一粒小小的種子開始成長。你存的第一枚銅幣是你財富的種子。愈早播種，樹就愈早開始茁壯。你愈勤奮地以儲蓄養護和澆灌，你就愈快可以享受樹下涼蔭。』

「一面說著，他拿起刻文就走了。

「我認真地思索了他對我說的話，覺得頗為合理。因此，我決定嘗試一下。每次拿到錢時，我都會取出十分之一，然後藏起來。這聽起來可能很奇怪，但我並不覺得我可用的錢比以前少。生活如常，我沒有發覺有什麼改變。但隨著我的錢財開始累積，我常常被商店展示的商品誘惑，好想花錢，去買商人從腓尼基人那兒運來的駱駝和船隻。可是我明智地克制自己。

「一年後，阿格米希又來了。他對我說：『孩子，你有給自己留下十分之一的錢嗎？』

「我自豪地回答：『有，我有。』

「他一面微笑一面說：『那很好，那你用這筆錢做了什麼？』

「『我交給了磚匠阿茲穆爾。阿茲穆爾說他要去遠航，去到提爾時，可以幫我買腓尼基人稀有的珠寶。他回來後，我們能以高價出售，平分利潤。』

「『不經一事，不長一智。』他粗啞地吼著。『為什麼要相信磚匠的珠寶知識呢？你會去麵包師傅那裡占星嗎？不，如果你有腦袋的話，你會去找占星師。你的錢沒了，年輕人，你把你的財富之樹連根拔起。但再種一棵吧，再試一次。下一次，如果你對珠寶有任何疑問，去找珠寶商。想知道關於綿羊的一切，去找牧羊人。向別人尋求建議不用錢，但要注意的是你應該問誰。從沒有經驗的人那裡要問到怎麼存錢，錢就打水漂了，算是花錢消災。』這樣說著，他轉身離開。

「一切正如阿格米希所料。混蛋腓尼基人，賣給了阿茲穆爾看來像寶石但實際上是一文不值的玻璃。不過，因為我已經養成了習慣，不再困難，我照著阿格米希的教導，賺多少都存十分之一。

「又過了一年，阿格米希來刻寫室找我。『自從上次見到你，你有什麼進展嗎？』

「我回答說：『我照你說的做，把錢留給自己。我把積蓄借給盾牌工匠阿格，讓他去買銅料，每四個月他付利息給我。』

「『很好。那收到的利息你怎麼用呢？』

「『我吃了一頓有蜂蜜、美酒和香料蛋糕的盛宴。我為自己買了件猩紅色的長袍。然後有一天，我會為自己買頭小驢來騎。』

「阿格米希聽了大笑：『你把積蓄的孩子吃得精光，那要怎麼期待它們繼續為你工作呢？它們又怎麼能生出更多錢子錢孫來為你賺更多錢呢？所以，先留下一堆黃金，讓它們伺候你吧，這樣你就可以享受許多盛宴而不會後悔。』說著說著他又轉身離去。

「隔了兩年，我才又見到阿格米希。這次，他的臉上出現了深深的皺紋，眼睛下垂，整個人垂垂老矣。他對我說：『阿卡德，你還沒有實現你夢想中的財富嗎？』

「我回答：『我還沒得到我想要的全部，但我已擁有了一部分，財富也帶來更多財富，我也愈賺愈多。』

「『你還接受磚匠的建議嗎？』

「『關於製磚，他們提供了很好的建議。』我回答道。

「『阿卡德，』他繼續說，『你學到了很多。你首先學會生活不透支。其次，你學到了向經驗豐富老練的人尋求建議。最後，你已經學會了如何用錢生財。

「『你教會了自己如何賺錢、如何存錢，以及如何用錢。因此，你有能力承擔起更多責任。我已經老了。我的兒子只顧花錢，不去想怎樣賺錢。我的資產龐大，我已經沒辦法自己照料。如果你願意去尼普爾幫我照看我的土地，我會讓你成為我的合夥人，並與你分享我的財產。』

「所以我去了尼普爾，管理阿格米希的大筆資產。而且，因為我的雄心壯志，並且掌握了成功處理財富的三大法則，所以我大大地增加了他資產的價值。我的生活愈來愈優渥。阿格米希過世後，我的確得到了他依法安排的財產分配。」

當阿卡德說完他的故事，他其中一位朋友說：「你確實很幸運，阿格米希把你當繼承人。」

阿卡德說：「幸運的是，我在第一次見到阿格米希之前，就渴望過著優渥的生活。四年來，我努力地存下全部收入的十分之一，這不就證明我的篤定嗎？如果有一個漁夫多年來研究魚類的習性，風一有什麼變化，他都可以準確地撒網捕魚，你會說他很幸運嗎？機會是一個傲慢的女神，她不花時間與那些沒有準備的人在一起。」

「就算失去了第一年的儲蓄，你還是有堅強的意志繼續前進。這樣看來，你很不一樣。」另一位朋友說道。

「意志！」阿卡德反駁。「胡說八道。你認為意志會給人力量，來挑起駱駝也無法肩負的重擔，或移動公牛也拉不動的貨物嗎？意志不過只是讓你堅定不移地朝著目標前進，讓自己完成任務。如果我為自己設定任務，儘管再怎麼微不足道，我仍然會徹底完成。不然，我自己還有什麼信心能做更重要的事情呢？如果我對自己說：『這一百天，當我要過橋進城時，我要從路上撿顆石頭，然後把它扔到溪流中。』我會這樣做。如果在第七天，我過了橋但我忘記丟，我不會對自己說：『明天我會投下兩顆石頭。』我會往回走，撿起石頭來丟。我也不會在第二十天對自己說：『阿卡德，這沒用。你每天丟些石頭有什麼用？一次丟一把然後就算了吧。』不，我不會這樣說也不會這樣做。當我為自己設定任務時，我一定會完成。因此，我很小心，我不會設定艱鉅而不切實際的任務，因為畢竟我還是喜歡輕鬆一點的人生。」

接著，另一位朋友說：「如果你說的是真的，而且的確這一切也看起來像你說的那樣合理，真的這麼簡單，如果每個人都這樣做，這世界上沒有足夠的財富供大家賺取啊。」

「只要有人投入精力，財富就會增長。」阿卡德回答。「如果有個有錢人為自己建造了一座新宮殿，他所付的金子會消失嗎？不，磚匠會得到一部分，工人得到一部分，藝術家也得到一部分。每個參與建造的人都可以得到一部分。那麼，建造這座宮殿，不值得這麼多錢嗎？它的建地不也就升值了？毗鄰的空地不也因為這樣而更有價值？財富以神奇的方式增長，沒有人能預言其極限。腓尼基人不就是利用海上商船得到的財富，在貧瘠的海岸邊建造起大城市嗎？」

「那麼，你建議我們該做些什麼，讓我們也有可能變得富有？」阿卡德的另一個朋友問道。「歲月流逝，我們已不再是年輕人，我們一無所有。」

「我建議你接受阿格米希的智慧。對自己說：從你賺取的收入裡，為自己留一部分。早上起床，中午，晚上，都對自己這樣說。每天每個小時都對自己這樣說。一直對自己這樣說，直到這句話如煙火般在空中閃耀。

「把這個想法烙印在心裡，裝填在腦中。然後取出你覺得明智的部分，不少於十分之一，擱在一旁。如有必要，安排你其他的支出。但先把那一部分留下來。很快，你會意識到擁有自己獨自可以享用的財富，是多麼富裕的感受。隨著財富的增長，它會激發你，讓你的生活出現一種新的樂趣。你會想更加努力來賺錢。因為你賺愈多，依照相同的比例，不就能留存愈多嗎？

「然後學習讓你的財寶為你服務，聽令你的驅使。讓它的錢子錢孫為你帶來更多財富。

「為你的未來計畫收入。看看身邊的老人，別忘了，在不久的將來，你也會是他們其中一員。因此，請謹慎投資，不要虛擲你的資產。高利的回報是騙人的海妖之歌，誘惑那些疏忽的人，讓他們擱淺在失落和懊悔的淺灘。

「確保你蒙神寵召之時，家人的生活不會匱乏。這樣的安排，可以是定期小額的施與。因此，有遠見的人不會等到有大筆鈔票時才這樣做。

「諮詢智者。向那些每天從事金錢工作的人尋求建議。讓他們幫助你避免犯下像我把錢交給磚匠阿茲穆爾這樣的錯誤。小額、安全的利潤，比風險要好得多。人生在世，請享受生活，不要過度勞累或嘗試存太多錢。如果你最多就只能留下全部收入的十分之一，那麼就滿足地過活。否則，請根據你的收入生活，不要讓自己變得小氣又不敢花錢。生活是美好的，生活中有很多值得擁有和享受的東西。」

他的朋友感謝他，然後離去。有些人沉默了下來，因為他們沒有想像力，聽不懂阿卡德的故事。有些人很憤世，因為他們認為一個如此有錢的人應該要和不太幸運的老朋友分享。但是，有些人的眼裡出現了新的光彩。他們意識到阿格米希每次都回到刻寫室，是因為他觀察著一個努力工作的人，從黑暗中爬出，走向光明。當那個人發現了光亮，未來在某處已經幫他準備好了位子。在他理解自己的人生以前，在他抓緊機會之前，沒有人會占據那個位子。

在往後幾年，這些人經常來找阿卡德，阿卡德也欣然接受了他們。他為他們提供諮詢，並慷慨地分享自己的智慧，因為經驗豐富的人總是樂於這樣做。他協助他們處理儲蓄，幫助他們進行可以得到安全利潤的投資，而不是叫他們把錢丟入得不到分紅的投資裡。

那天，就是這些人人生中的轉捩點，他們意識到真理由阿格米希傳給阿卡德，再由阿卡德傳授給他們。

從你賺取的收入裡，為自己存下一部分。

三

讓荷包不扁的七種方法

巴比倫的榮耀永存。古往今來，巴比倫被稱作是最富裕的城市。在那裡，有讓人目眩神迷的寶藏。然而，並非一直都是如此。巴比倫的財富是人民智慧的結晶，他們首先必須學習如何致富。

當善良的國王薩爾貢在擊敗敵人埃蘭人後，他回到了巴比倫。這時，他面臨著嚴峻的局勢。皇家大臣向國王解釋說：

「由於陛下您建造了灌溉大渠和供奉諸神的大神廟，我們的人民享受了多年的繁榮。但現在這些工程完成了，人民似乎無法自給自足。

「工人沒有工作，商人的顧客很少，農民無法出售他們的產品，人民沒有足夠的黃金來購買食物。」

國王問道：「但是，我們進行這些重大建設而花的錢都跑哪去了呢？」

總理回答說：「我想，這些錢大部分都進了我們城市中一些非常有錢的人手裡。就像過濾山羊奶那樣，這些錢就這麼從大多數人的指縫中流過。現在，既然建設已經停止，金錢不再流通，大多數的人民都沒有了收入。」

國王沉思了一會兒，然後問：「為什麼少數人可以拿到所有的黃金？」

「因為他們知道方法和訣竅。」總理回答。「但我們不應該因為一個人知道賺錢之道，獲得了成功，就譴責他。所謂的正義，也不應該是重新分配財產，把一個人公平賺得的收入，分給能力較弱、比較貧困的人。」

國王繼續問：「但是，為什麼不能所有人都學習如何累積黃金，讓自己變得富有，過得優渥呢？」

「陛下，這聽起來很有可能。但是，誰能負責教導大家呢？當然不應該是祭司，因為他們對賺錢一無所知。」

「我們城裡誰最知道怎麼賺錢呢，總理？」國王問。

「陛下，您的問題解答自明。在巴比倫，誰累積了最多財富呢？」

「說得好，我能幹的總理。是阿卡德，他是巴比倫最有錢的人。明天把他帶到我面前來。」

第二天，如國王下令，阿卡德前來晉見。縱使他已經七十歲，他還是腰桿挺直，精神抖擻。

國王說：「阿卡德，你真的是巴比倫最有錢的人嗎？」

「陛下，大家都這麼說，而且沒有人對此表示異議。」

「你怎麼會如此富裕？」

「因為我把握了我們城市裡每個人民都能獲得的機會。」

「你一開始一無所有嗎？」

「我只是強烈地渴望著財富，其餘什麼也沒有。」

國王繼續說道：「阿卡德，我們的城市現在貧富不均。因為少數人知道如何獲得財富並因此壟斷，而我們的廣大民眾卻不知道如何留存他們獲得的財產。」

「我希望巴比倫成為世界上最富有的城市。因此，它必須是一個有很多有錢人的城市。要達到這個目標，我們必須教導所有人賺錢和理財之道。告訴我，阿卡德，獲得財富有什麼祕密嗎？可以傳授嗎？」

「這可行，陛下。一個人知道的知識可以傳授給其他人。」國王的眼睛閃閃發亮。「阿卡德，你說了我想聽的話。你願意獻身這個偉大的事業嗎？你願意把你的知識傳授給一所學校的教師，讓他們教授別人，直到有足夠的人，可以把這些真理傳給每一個值得的人民？」

阿卡德鞠躬說：「我是您謙卑的僕人。無論我擁有什麼知識，我都樂於奉獻，讓大家過上更好的生活，成為國王的榮耀。請您的總理為我安排一個一百人的班級，我會教給他們讓荷包變胖的七種方法，讓巴比倫的所有人都不虞匱乏。」

兩個星期後，依照國王的指令，被選定的一百人聚集在進學殿的大廳裡，坐在彩色的圓墊上，圍成一個半圓。阿卡德坐在一張矮桌旁，桌上點著一盞神聖的燈，散發出一股奇特但不難聞的氣味。

「看，是巴比倫最有錢的人。」一個學生在阿卡德起身時，一面低聲說，一面輕推了他的鄰居。「他看起來和我們沒什麼兩樣。」

「作為我們偉大國王的忠實子民，」阿卡德開始講述，「我站在你們面前，為他服務。我曾經也是一個貧窮的青年，非常渴望財富。因為我發現了如何致富的知識，國王要我將知識傳授給大家。

「我出身卑微。和平常人一樣，我沒有任何優勢的背景。

「最開始，我用一個錢包存錢。我非常討厭那個空空如也的錢包，一點用也沒有。我好希望它裝得飽滿扎實，隨便一晃有錢幣碰撞的聲音。因此，我尋求各種方式來讓我的扁荷包滿一些。我找到了七個。

「我會向在我面前聚集的你們，解釋讓荷包不扁的七種方法。我推薦這些方法給所有渴望大量財富的人。接下來的七天，我會一天介紹一種方法。

「請你專心聆聽我將要傳授的知識，並與我辯論，也在你們自己之間彼此討論。徹底學習這些教訓，讓你們也可以在自己的錢包裡種下財富的種子。首先，你們每個人都必須明智地開始建立財富。只有這樣，你才能將這些真理傳授給他人。

「我將以簡單的方式教你們如何讓錢包變胖。這是通往財富殿堂的第一步，如果第一步沒踏穩，沒有人可以繼續往上爬。

「我們現在來看第一種方法。」

方法一：讓錢包充盈飽滿

阿卡德向第二排一位正在沉思的人說：「我的朋友，你是做什麼的呢？」

那人回答說：「我是一位刻字匠，在泥板上刻寫紀錄。」

「我從前就是做這樣的工作，儘管如此，我也賺到第一筆銅幣。因此，你有相同的機會發大財。」

阿卡德接著問了坐在遠邊一個臉色漲紅的男人：「請你也說說你以什麼維生？」

這個人回答：「我是一個屠夫。我向農民買他們養的山羊，宰殺後，將肉賣給主婦，把皮賣給了涼鞋匠。」

「因為你也努力工作賺錢，所以你有一樣的機會可以成功。」

如此一個一個問去，阿卡德知道了每個人的營生和背景。當他問完之後，他說：「現在，我的學生，你們可以看到我們這裡來自各行各業，每個人都有自己賺錢的方式。每種賺錢方式都是一股金流，付出勞力的工人從中將一部分的錢轉移到自己的錢包裡。因此，根據每個人的能力，流入每個人錢包的錢幣數量不一，是不是？」

這點所有人都同意。

「然後，」阿卡德繼續說，「如果你們每個人都想建立一筆資產，不是就應該先從自己現在擁有的收入開始？」

每個人對此也都表示同意。

阿卡德轉向一個自稱是蛋商的人。「如果你挑一個籃子，每天早晨將十顆雞蛋放入其中，每天晚上從籃子中取出九顆雞蛋，最後會發生什麼事？」

「蛋會多到籃子裝不下。」

「為什麼？」

「因為我每天投入的雞蛋多於取出的雞蛋。」

阿卡德面帶微笑地轉向了全班。「這裡有沒有人荷包很扁？」

大家一開始有些搞不清楚狀況，然後他們笑了。他們開玩笑地揮舞著自己的錢包。

「好，」阿卡德繼續說，「現在，我要告訴你們我學到的第一種方法，就是我給蛋商的建議。錢包裡的十枚硬幣，只能拿九枚出來用。你的錢包會立即開始變胖，它愈來愈重的重量，在手中會讓人感覺非常好，靈魂也因而滿足。

「不要因為這聽起來簡單，就覺得好笑。真理總是很簡單。我說過我會告訴你我怎麼建立我的財富，這就是我的開始。我也曾經只有一個很扁的錢包，成天埋怨它的無用，什麼都買不了。但是，當我開始在錢包裡放進十枚硬幣，只花九枚，錢包就開始愈來愈胖。你的錢包也會如此。

「現在，讓我告訴大家一個奇怪的事情，我也不知道原因。當我不花超過十分之九的收入時，我也能活得很好，並不比之前拮据。此外，過了不久，錢財似乎比以前更容易得到。當然，這是眾神的法則，對於那些不花掉全部收入，而懂得留存一部分的人來說，更容易得到財富。相反地，那些把錢花得精光的人，財運似乎也不怎麼樣。

「你最想要什麼？是每天欲望的滿足，一顆珠寶，一些首飾，幾件漂亮的衣服，更多食物；還是瞬逝且被遺忘的東西？還是大量的資產、黃金、土地、牧群、商品，還是會帶來收入的投資？你從錢包中拿出的硬幣可以幫你買到前者，而你留在錢包中的硬幣則會帶來後者。

「各位，這是我讓錢包不扁的第一種方法：錢包裡的十枚硬幣，只能拿九枚出來用。大家彼此討論一下，如果有人可以證明這是不正確的，請在明天我們再見面時告訴我。」

方法二：節制開銷

第二天，阿卡德向學生說：「你們之中有一些人問我：當一個人賺的錢不足以支付必要的開銷時，怎麼還能在錢包裡存十分之一？

「昨天有多少人錢包很扁呢？」

「我們所有人。」全班齊聲回答。

「但是，你們的收入並不完全相同。有些人賺得比其他人多得多，有些人要養活很大一家子。然而，你們全部人錢包裡都沒什麼錢。現在我要告訴你，關於人一個很不尋常的現象：除非有意識地控制，否則我們每個人所說的『必要支出』最後都會等同於我們的收入。

「不要搞混了所謂必要支出和你的私欲。你們每個人和你們的家人的欲望，再怎麼多的收入也無法滿足。因此，如果用收入來滿足欲望，錢一用罄也就不得不停止，同時，仍然還有好多沒有被滿足的欲望。

「所有人的欲望都無法全部滿足。由於我的財富，你以為我可以滿足自己的每一個欲望嗎？這是一個錯誤的想法。我的時間有限，我的力量有限，我能遠行的距離有限，我能吃的食物有限，我能享受的熱情也有限。

「讓我告訴你，欲望就像田間的雜草一樣，只要根未除盡，就會恣意蔓延。人只要一旦以為欲望可以滿足，欲望就會橫生。大量多樣的欲望裡，其實只能滿足其中一些。

「認真研究你的生活習慣。在裡頭，你們可能會發現，某些一直以來你覺得理所當然的開銷，其實是可以明智地減少，或直接剔除這些費用。請建立新的座右銘：你花的每一分錢都要得到它百分之百的價值。

「因此，將所有想要買的東西寫在泥板上。以十分之九的收入，來考慮哪些是必要的東西，而哪些是可以買的。將其餘的東西劃掉，把它們視為是無法滿足的眾多欲望，不須後悔。

「然後，為你的必要開支做預算。不要動用讓錢包變胖的十分之一的收入。讓這成為你正在實現的偉大願望。計畫你的開銷，不斷調整預算以幫助自己。讓整個任務成為捍衛飽滿錢包的好幫手。」

在這時，一名穿著紅色和金色長袍的學生站起來說：「我是一個自由的人。我相信享受生活中的美好是我的權利。因此，我不想聽從預算的驅使，讓預算決定我可以花多少錢，花在什麼上面。我覺得這會奪走我生活中極大的樂趣，讓我變成只不過是一隻馱著重擔的驢子罷了。」

阿卡德對他說：「我的朋友，誰決定你的預算？」

這個抗議的人回答說：「我自己。」

「在那種情況下，如果是驢子來制定牠的預算，牠會在其中包括珠寶、地毯和沉重的金條嗎？不會。牠會拿來買乾草和穀物，以及一袋在沙漠行走時要喝的水。

「預算的目的，是幫助你的錢包變胖。它是為了幫助你擁有你的必需品，並在可能的範圍內，滿足你的其他願望。這幫助你在實現最深切的願望之前，不受其他隨便的想望阻撓。就像黑暗洞穴中的亮光一樣，你的預算可以讓你看到錢包哪裡有漏洞，並讓你能夠止住，控制你的支出，以達到確定和令人滿意的目的。

「那麼，這是讓錢包不再扁的第二種方法：預先估算開銷來支付你的必需品和娛樂，然後滿足你值得的願望。同時，又不花超過十分之九的收入。」

方法三：讓錢滾錢

「看，你的錢包變胖了。你已經訓練好自己，把全部收入的十分之一留在裡面。你控制了開銷以確保自己增加中的財富。接下來，我們來考慮有什麼手段可以讓錢為你賺更多的錢。錢包裡的黃金令人滿足，讓小氣的靈魂寬心，但就僅此而已。我們可以從收入中保留的黃金只是開始，它所獲得的收入將建立我們的財富。」阿卡德第三天的課程如此開場。

「因此，我們如何讓錢幫我們賺錢？我的第一筆投資不太好運，因為我失去了一切。故事我之後再講。我第一筆獲利的投資，是我借錢給盾牌工匠阿格。為了營生，每一年他都需要買進大批從海上運來的青銅。由於沒有足夠的資金來付給商人，他會向那些有資產的人借錢。他是一個守信用的人，借錢還錢，並加上賣掉盾牌後得到的利息。

「每次我借他錢，我都可以得到還款和利息。因此，這不僅增加了我的資本，還帶來其他收入。最讓人心滿意足的，就是看到這些錢全進了我的錢包。

「聽我說，一個人的財富不在於他錢包裡有多少錢；而是他累積的收入，和源源不絕讓錢包滿漲的金流。這就是每個人所渴望的，你們每個人都希望得到的是這種收入；無論你在工作還是旅行，收入都會持續增加。

「我獲得了可觀的收入，可觀到我被稱為一個非常有錢的人。我借給阿格的錢，是我第一次獲利的投資。從這一經驗中我獲得了智慧。我隨著資本增加，擴展了貸款和投資的對象。從最初的幾個人，到後來的很多人，這些人都增加了我的財富，我現在可以決定該如何明智地使用我的錢。

「請看，從我原本不值得一顧的收入，我孕育了一群為我工作的奴隸，它們每分每子都勤奮地幫我賺取更多的黃金。當它們為我賺錢時，它們的錢子錢孫也奮力帶來更多的財產，直到它們共同努力產生可觀的收入。

「從以下情況可以看出，當賺取合理收入時，黃金如何快速增加：一個農民，當他的第一個兒子出生時，將十枚白銀借給了錢莊，並要求錢莊老闆用那筆錢為兒子放貸，直到他二十歲為止。這名錢莊老闆照著做了，並同意每四年會付給農民總價值的四分之一。農民說，反正這筆錢現在也用不到，是他特地留給兒子的，請老闆就把利息加到本金上。

「當男孩到二十歲時，農民再次詢問錢莊老闆。老闆說，由於複利，原來的十枚白銀現在已經變成三十又二分之一枚。

「農夫很高興，因為兒子還不需要這筆錢，所以他把錢繼續留在錢莊。當兒子五十歲時，父親去世了，錢莊老闆給了兒子一筆錢。結算是一百六十七枚白銀。

「因此，在五十年間，投資的錢幾乎增長了十七倍。

「那麼，這是增加財富的第三種方法：像田野裡的羊群繁衍後代，讓錢滾錢，以錢生財，幫助你獲得收入，創造源源不絕的金流。」

方法四：守財而不漏

「樹大招風。要牢牢守護財富，不然很容易丟失。因此，我們從賺小錢開始，並學會保護它們，然後神才會將更多的金額託付給我們。」這是阿卡德第四天教導的內容。

「每個有錢的人都會被機會所惑，好像每份企劃看起來都相當合理，只要好好投資，都能大賺一筆。經常，親朋好友前仆後繼爭相投資，並邀請你一起加入。

「良好投資的第一個原則，是保本。如果本金可能有所損失，但會有大筆收益，這樣還值得我們投資嗎？我並不認為。風險可能就是損失。在與你的財富分開之前，請仔細研究，保證自己可以安全地收回資產，不要被自己想要迅速賺錢的浪漫欲望所誤導。

「在借錢給任何人之前，先確定他的還款能力，打聽一下他的名聲，以免你在不知不覺間把你得之不易的財富當作禮物送了出去。

「當你投資任何領域之前，請先熟悉一下可能的危險。

「我自己的第一筆投資，對我來說是悲劇一場。我把一年辛苦的儲蓄全部委託給一名叫阿茲穆爾的磚匠。阿茲穆爾說他要去遠航，在提爾時，可以幫我買腓尼基人稀有的珠寶。他回來後，我們可以用高價出售這些珠寶，然後平分利潤。結果，腓尼基人是混蛋，把玻璃當作珠寶賣給阿茲穆爾。最後，我一毛不剩。今天，我的經驗會讓我立刻看出來把錢委託給磚匠買珠寶是多麼愚蠢的行為。

「因此，我要以我的經驗建議你們：不要對自己的智慧自信過頭，胡亂投資。投資前，最好諮詢那些有操作投資和賺錢經驗的人。建議是免費的，更可能其實和你所考慮的投資總額等值，實際上，如果建議使你免於損失，它的實際價值就如黃金一般。

「那麼，這是避免荷包消風的第四種方法。如果你不想要好不容易裝滿的錢包哪天又空空如也，這個方法非常重要。守護你的財富，免於損失。進行保本、最好可以回收本金的投資。借錢給別人之前，先確定他還得出來，也付得出利息。諮詢智者，詢問有理財經驗的人。讓他們的智慧守護你的財富，避免不安全的投資。」

方法五：讓居所變成可獲利的投資

「如果拿收入中的十分之九用於生活和享受人生，並且如果這十分之九的任何一部分都能在沒有損失的情況下轉化成獲利的投資，那麼財富就會快速地增加。」阿卡德的第五課開始了。

「好多巴比倫人都在不堪的街區養育家庭。他們向苛刻的房東繳交大筆的租金，但是他們的妻子卻連一塊開心種花的空間也沒有，孩子也只能在不乾淨的巷弄間玩鬧。

「除非有個空間可以讓孩子在乾淨的土地上嬉戲，而且妻子不但可以蒔花，還可弄草，為家人的食物添香，否則任何家庭都無法充分享受生活。

「對一個人來說，能享用自己花園內樹上的無花果和藤蔓上的葡萄，是多麼快樂的一件事。為了擁有自己的住家，一處讓人自豪並願意呵護的所在，一個人會多了信心，更加努力。因此，我建議每個人都應該擁有庇護自己和家人的家園。

「現在，要擁有一間自己的房屋也沒有那麼困難了。我們偉大的國王向外拓展了巴比倫的城牆，多出許多可以用合理價格買到的空地。

「我還想對你們說，貸款給別人的錢莊很樂於借錢給你們，讓你們實現為自己的家庭尋求住房和土地。有這樣值得稱許的目的，只要你能出示自己準備了部分款項，他們會隨時借錢給你來付款給磚匠和建築工人。

「房屋建好了，你可以規律還款，就像你每個月給房東的房租。每繳一筆，代表你愈欠愈少，不出幾年就可以償還貸款。

「那時你會心滿意足，因為你擁有了自己的房屋，而你剩下唯一的開銷就是繳給國王的稅金。你的妻子可以經常去河邊洗衣，每次回來時她總是拎著山羊皮的水囊澆著花園內滋長的萬物。

「擁有自己的房子，帶來多大的幸福啊。這也大大減少了生活開支，讓更多的收入可以用在娛樂和滿足自己的欲望上。這是第五種讓荷包變胖的方法：擁有自己的家。」

方法六：為日後人生打算

「每個人的生命都從童年開始，漸漸年邁。這是一條生命之路，沒有人能不循此道，除非眾神太早把他帶離世間。因此，我認為每個人都要為未來，當自己不再年輕時，準備適當的收入。也要為家人準備，當自己不再能夠安慰或支持他們的時候。今天這一課，是為自己再也無法學習新事物時，如何事先規劃財務。」在第六天阿卡德對著全班這樣說。

「當一個人理解了財富的法則而獲得了愈來愈多的盈餘，他就應該要考慮未來的日子。他應該要規劃某些可以安全持續多年、但也可以隨時取用的投資或預備金，並明智地預測可能需要的時候。

「有很多方式能為自己的未來提供財務上的安全。可以找一個地方，把祕密財寶埋起來。然而，無論用什麼技巧來藏，可能最終仍會為盜賊覬覦。因此，我建議你不要這樣做。

「所以，為了未來，可以打算購買房屋或土地。如果好好考量其未來的用途和價值，這些東西的價值和收益是永久的，出售也是為未來提供收入的另一種辦法。

「另一種方法是把錢借給錢莊，並定期增加。在錢莊增加的利息將大大增加整筆錢的金額。有一名叫安山的涼鞋匠，他最近才跟我說，這八年的每一個星期，他都給錢莊老闆兩枚銀子。他最近收到了財務匯報，讓他高興極了。這樣定期少少的儲蓄和投資，現在已經變成了一千零四十枚白銀。

「我為他高興的同時，也用我對數字的了解跟他說，如果他能繼續保持每個星期兩枚白銀的定期存款，那麼十二年後，錢莊老闆要付給他四千枚白銀，完全夠他活下半輩子。

「毫無疑問，當定期支付這麼少的錢就能產生如此可觀的利潤時，無論現下的生意或投資多成功，任何人都應該要為了自己的晚年和家人確保未來的收入。

「我希望我能多說一點。我打從心底相信，有朝一日會有聰明的人制定出生命保險。許多人定期支付，但數額不大，這筆款項會變成一筆可觀的數目，只要家裡的誰離開了世間，他的家庭就能得到一些金額。我認為這是可取的，我強烈建議這樣做。但是今天，這是不可能的，因為它的規劃和運作必須超越任何一人的生命週期或任何合作關係。它必須像國王的寶座一樣穩定。總有一天，我想這樣的計畫會實現，對許多人來說，這會是很大的福音，因為即使是一小筆的首付款，也會在他過世之後，為他的家庭提供一筆豐厚的財富。

「但是，因為我們生活在現下，而不是在即將到來的日子裡，所以我們必須利用現有的手段和方式來實現我們的目標。因此，我向所有人建議，請明智慎重地考慮，確保養老基金，因為對於一個無法再賺錢的男人，或一個沒有一家之主的家庭來說，一個空空如也的錢包是一場悲劇。

「這是守護錢包的第六種方法：請提前為自己的老年和家人打算。」

方法七：增加自己賺錢的能力

「關於致富，我今天要向你們講解最關鍵的部分。但是，我不談黃金，而是要談論你們自身，也就是要談談坐在我面前、穿著各色袍子的各位，你們究竟是什麼樣的人。我會告訴你們，一個人的心思和生活，對成功來說，有什麼關係。」阿卡德在第七天向全班這麼說。

「不久前，有一個年輕人來找我借錢。當我問他為什麼而借，他抱怨說自己的收入不夠支付他所有的開銷。我向他解釋，如果是這樣，他就是錢莊老闆眼中糟糕的客戶，因為他沒有能力也沒有盈餘來償還借款。

「我告訴他，『年輕人，你需要的是賺更多的錢。你做了什麼來增加自己賺錢的能力呢？』

「他回答：『只要我能做的，我什麼都做。這兩個月來，我已經找了我的老闆六次，要求加薪，但都沒有成功。不能再繼續要求了吧。』

「我們可能會笑他頭腦簡單，但他確實有增加收入的重要特質。在他內心深處，他有想要獲得更多的欲望，這是一個正當並值得稱讚的欲望。

「要有成就之前，要先有欲望。你的欲望必須強烈並且明確，一般的欲望只是不堅定的渴求。單純想要有錢沒有什麼用；相較之下，渴望五枚黃金有目標得多，這樣才能讓人想要實現。當一個人的確在努力之後得到了五枚黃金，接下來他可以找到類似的方法來獲得十枚黃金，然後二十枚黃金，然後一千枚黃金。最後，他就富有了。在實現小願望的同時，他也訓練了自己實現更大願望的能力。這是積累財富的過程：從小金額慢慢增加，知識與能力也隨之進步。

「欲望必須簡單明確。如果太多、太難懂或超出一個人的能力範圍，欲望就無法滿足。

「當一個人在志業上自我精進時，他的賺錢能力也隨之進步。過去，我只是卑微的刻字匠，每天為了幾枚銅幣在泥板上刻字。但我發現其他人刻得比我多，薪水也比較高。因為我不想輸給任何人，我在短短時間內就發現別人為什麼賺比我多。因此，我更投入我的工作，也更加專注，也更有毅力。最後，幾乎沒有人能比我還有效率。我完工迅速，技術日益純熟，自然而然得到獎勵。我也不必去找老闆六次，要求他看到我的好表現。

「愈有智慧，我們就可以賺愈多。精進自己本業的人將得到豐厚的回報。如果是一名工匠，他可以向高超的同行師傅請教技術和工具；如果是法律或醫療人員，他可以與同業諮商或交換情報；如果是一名商人，則可以不斷尋找更好的商品，然後以更低價格收購。

「人世不斷進步，因為敏銳的人會追尋更高的技能，以便更好地為他們的客人服務。因此，我敦促所有人引領進步的脈動，不要停滯，以免被時代拋棄。

「許多事情都讓人們的生活充滿了有意義的經歷。這樣的事情，如果自重，就必須做到：

「必須盡其所能地迅速償還債務，而不是去買自己無力購買的東西。

「必須照顧好家人，受人讚揚。

「必須留下遺囑，在蒙神寵召時，讓自己的財產能適當且無愧的分配。

「要同情那些遭受厄運受挫之人，並在合理的範圍內為他們提供幫助。要體貼他所親愛的人。

「因此，要致富的第七種方法，也就是最後一種方法是：修養自身，累積智慧，精進技術，尊重自己。那麼，你就可以對自己充滿信心，朝著認真思考過的目標努力。

「那麼，這是我從漫長但成功的人生中，認為可以致富的七種方法，在此傳授給所有渴望財富的人。

「巴比倫有比你夢想還多的黃金，每個人都能擁有。

「去吧，實踐這些真理，讓你有權利和別人一樣昌盛富裕。

「去吧，散播這些真理，讓國王座下每一個榮耀的子民都可以自由分享我們心愛城市的豐厚財富。」

四

遇見幸運女神

「只要幸運，好事連莊。就算被丟進幼發拉底河裡，一個幸運的人不僅可以游出水面，還會手持一顆珍珠。」

——巴比倫諺語

大家都希望好運。在四千年前的古巴比倫，人們這麼期待著；今天，祈求好運的心態依舊。我們都希望得到難以捉摸的幸運女神的青睞。有沒有什麼方法讓我們可以遇見她，不僅得到她的關注，也得到她的惠澤？

有沒有辦法吸引好運？

這就是古巴比倫人想知道的。他們決定找出答案。他們頭腦精明、思緒敏銳。這也是為什麼巴比倫是當時最富有、最強大的城市。

在那遙遠的過去，巴比倫還沒有學校或大學。然而，他們有一個學習中心，一個非常實用的地方。在巴比倫的高聳建築物中，有一座與國王宮殿，空中花園和眾神廟同等重要的所在。歷史書籍中很少提及它，很可能根本沒有記載，但是這座建築對當時的思想有著巨大的影響。

這座建築就是進學殿。在那裡，有老師自願來講解過去的智慧，也有公開論壇讓人可以討論大家有興趣的話題。在這裡，人人平等，最卑微的奴隸也可以反駁皇室王子的意見，而不會被怪罪。

常來進學殿的眾人裡，有一個聰明的有錢人叫阿卡德，他被稱作是巴比倫最有錢的人。他有自己的講堂，幾乎每天晚上，都有一大群男人聚集在一起討論和辯論有趣的話題。這些人中，老少皆有，但大多是中年人。讓我們來聽聽他們是否知道怎麼吸引好運。

阿卡德朝著他慣用的平台漫步而去。外頭，日落像一顆紅色火球，遍灑在沙漠上。整個講堂已經有八十名男子等著他的到來，他們斜倚在小地毯上。更多人陸續抵達。

「今晚我們該討論什麼呢？」阿卡德問。

一個高大的織布工猶豫了一下，然後照著這裡的習慣，在說話前，站了起來：「我有一個想要大家一起討論的話題，但我不知道該不該說，怕你們覺得聽來荒謬。」

在阿卡德和其他人的鼓勵下，這個人繼續說：「到目前為止，我很幸運，因為我已經累積了一些財富。我現在最想要的是繼續好運下去。我想每個人都跟我一樣，想要好運，所以我建議我們來討論一下如何好運，看有沒有什麼方式能吸引幸運女神的降臨。」

「這真是一個非常有趣的主題，很值得我們討論。」阿卡德說。「在某些人看來，好運不過就是偶然發生，像意外一樣，無緣無故。但其他人卻相信帶來好運的，是我們最慷慨的女神阿什塔爾，她好希望把各式各樣的禮物分送給取她歡心的人們。我的朋友，你們說呢？我們應該要討論這個話題嗎？我們是否該來尋找一下吸引好運的好方法？」

「是！沒錯！來談談這個吧！」眾多的聽眾此起彼落地附和著。

於是，阿卡德繼續說：「開始討論前，讓我們先問問，有沒有人和這位織布工先生有類似的經驗，自己毫不費力地就找到或接受了價值連城的寶藏或珠寶？」

所有人瞬間安靜了下來，到處張望，期待誰會起身說話，但沒有人回答。

「什麼，一個人也沒有嗎？」阿卡德說。「那麼，看來這樣的好運的確很少見。現在，誰可以告訴我們，那要從哪裡繼續尋找幸運女神的蹤跡呢？」

「這個我可以說說。」一個穿著華服的年輕人說道。「當一個人講運氣時，我們不是自然而然想到賭桌嗎？不是很多人在那裡尋求幸運女神的眷顧，希望她能讓他們大賺一票？」

當他又坐下時，有個聲音說：「別停下來啊！繼續說說你的故事吧！告訴我們，你在賭桌上得到女神的青睞了嗎？她是否讓你擲到什麼特別的數字，讓你大贏了莊家。還是其實你手氣不佳，莊家把你辛苦賺來的錢全部吞走啦？」

一群人哄堂大笑。那個年輕人知道大夥兒並沒有惡意，也跟著笑了笑，然後回答說：「要我承認的話，我想幸運女神根本不知道我在那裡。你們其他人呢？在賭場還是類似場合，你要擲骰子時，你有看到她在一旁準備讓你好運嗎？我們想聽聽，也想要學一下。」

「很好的起頭。」阿卡德插嘴。「我們在這裡討論，本來就是要考慮每個問題的各個層面。忽略賭桌就是忽略多數人喜歡試試手氣的本能。大家都想要用少少的白銀，來贏得一堆金子。」

「這讓我想起昨天那幾場賽馬。」另一個聽眾喊道。「如果幸運女神經常光顧賭桌，那麼她當然不會沒看賽馬，那些鍍金戰車和口角起沫的馬匹，更讓人熱血沸騰。誠實說吧，阿卡德，昨天她是不是在你耳邊低聲要你押注尼尼微的那組灰馬？我正站在你身後，當我聽到你押灰馬贏，我還以為我聽錯了。我們大家都知道，亞述各支馬隊，只要公平競賽，沒有人能擊敗我們心愛的褐色馬隊。

「女神到底有沒有在你耳邊說：押灰色的，因為在最後一圈，內圈的黑馬一摔，也絆倒了我們的褐色馬隊，結果最後是灰馬贏得莫名其妙。」

阿卡德被這玩笑話逗得很樂。「我們有什麼理由覺得幸運女神會對一個小小的賽馬賭注有這麼大的興趣？對我來說，她是一個愛與尊嚴的女神，她喜歡幫助有需要的人，並獎勵那些值得獎勵的人。我不覺得她會在賭桌上或賽馬中，畢竟在那些地方人總是輸得比贏得多。我覺得當一個人做的事情更值得也更需要獎勵時，她才會出現。

「無論農商，還是其他的工作，都有機會在努力和交易中獲利。也許不會一直都有回報，因為有時可能判斷錯誤，或時機不佳，導致努力平白浪費。但如果堅持下去，通常利潤都能實現，這是因為一個人總是有獲利的機會。

「但是，當一個人想試試手氣時，情況就不同了。和莊家相比，玩家獲利的機會總是比較少。遊戲就是這麼一回事，莊家總是贏面較大，這是他的生意，從玩家的下注中為自己賺取豐厚的利潤。很少有玩家意識到莊家篤定的贏面，和自己風險十足的賭注。

「例如，讓我們看看骰子的賭法。每次下注時，我們押注哪一面會朝上。如果是紅色一點那面，那麼莊家付我們四倍的賭注。但如果是其他的五面朝上，我們就輸了。所以，每一次下注我們有五次會輸，但是由於賠率是四，如果我們贏了一次，等於賺四次。所以莊家在一晚可以最少賺所有下注的五分之一。如果怎樣都會輸掉五分之一，你們覺得賺回來的機率還有多高？」

「可是，有些人時不時就大賺一筆啊。」有一個聽眾說。

「沒錯，的確如此。」阿卡德說。「對我來說，問題在於這樣幸運得來的財富能不能恆久。在我認識的人中，有很多巴比倫的成功人士，但這些人裡面沒有人一開始就以這種方式致富。

「今天在場的各位，你們認識更多巴比倫的市民。我想，大家一定都很想知道有多少成功人士從賭桌發跡，開始他們的致富之道。有人可以告訴我們，你們認識的例子嗎？有人知道嗎？」

一陣靜默之後，一個愛開玩笑的人說：「你的問題也包括賭場的莊家吧。」

阿卡德說：「如果你們想不到其他人，如果誰都想不到任何例子，那麼你們自己呢？在我們這群不知道怎樣賭一把來致富的人裡頭，有沒有誰其實怎麼玩怎麼贏？」

阿卡德一問，隨之而來的是一連串的唉聲嘆氣，混雜在笑聲中。

阿卡德繼續說：「看來，我們雖然想找幸運女神，可是都去錯地方了。那我們去其他地方找找好了。無論是我們撿到遺落的錢包，還是賭桌上，幸運女神似乎都不在。我也要承認，我賠在賽馬場上的錢比賺得多太多了。

「那麼，現在來想想我們平常的交易和生意。當我們成功達成一筆交易，賺到一些錢時，我們通常不會想到運氣，而是自然而然地覺得這是交易後的報酬。可是，我覺得我們可能忽略了幸運女神的賜福。或許在過程中她幫助了我們，但我們卻渾然未覺。有沒有人願意分享一下呢？」

這時有一位老商人站了起來，用手順了順他素雅的白袍。「讓人敬重的阿卡德，還有親愛的各位，請大家聽我說個建議。如果，像你所說的，我們將自己事業上的成就歸功於自己，那麼我們可以想想，有哪些事情是我們幾乎要成功、幾乎要大賺一筆了，但到最後卻空手而回。這樣的事情如果真的成了，就真的是好運降臨。現在，因為事情畢竟沒有圓滿，所以不會讓人覺得得到合乎努力的報酬。我想大家一定有很多類似的經驗可以分享。」

「真是明智。」阿卡德說。「誰有過這樣的經驗呢？抓住了好運，但卻看著它溜走。」

很多人舉了手，老商人也是其中一人。阿卡德請他分享：「既然是你的建議，我們希望能先聽你的故事。」

這位老商人說：「我很樂意。我的故事會讓大家知道好運有多近，我們卻盲目地讓它溜走，徒留失落和悔意。

「很多年前，我還年輕，剛結婚，正準備要開啟我的事業。某一天，我的父親來找我，強烈地希望我可以加入一筆投資計畫中。他一個好友的兒子注意到了外城牆近郊的一塊荒地，因為這塊地的地勢比運河高，所以目前缺水。

「我父親好友的兒子制定了一個計畫要來買這塊土地，並且建造三個大水輪，讓牛來拉，藉此將生命之水引到這塊肥沃的土地。只要成功，他就可以把這塊地分成小塊，然後賣給城內的居民，讓他們種植香草。

「可惜，我父親好友的兒子不夠資金來完成這個計畫。像我一樣，他是一個剛起步的年輕人。他的父親也像我的父親一樣，不算有錢，而且需要扶養大家庭。這位年輕人所以決定要吸引一群人一同投入這樁土地開發。他計畫邀請十二個人，每一個人都出資，將十分之一的收入投入這個計畫，直到土地可以轉手賣出，最後每個人再依照出資比例均分收益。

「我父親對我說：『兒子，你現在年輕，我很希望你可以從現在就開始發展你的事業，日後飛黃騰達，為人所重。我希望你可以從我過往的無知中學習。』

「我回答：『這也是我熱切盼望的，父親。』

「『那麼，我建議你，做我在你年紀時沒能做到的事。從你的收入裡，留存十分之一，然後放進有利的投資中。有了這十分之一的收入加上利潤，你可以在你變得跟我一樣老之前，累積了豐厚的資產。』

「『你的話充滿了智慧，父親。我很希望變得有錢。可是我的收入要用在好多地方。所以，你建議的事情我不是很確定。我還年輕，還有很多時間。』

「『我在你這個年紀時也是這樣想，可是看啊，歲月就這樣流逝，而我什麼事業都還沒開始。』

「『時代不同了，父親。我會注意，不重蹈覆轍。』

「『兒子，機會在你的眼前吶。這是一個可以致富的機會。我求你，不要拖拖拉拉的。明天就去找我的朋友的兒子，和他談價，然後投入你十分之一的收入到他的計畫裡。明天馬上去。機會不等人。今天，機會還在這兒，但它馬上就會消失。所以，不要再拖了。』

「儘管是我父親的建議，我還是猶疑了一番。我看到好多件商人剛從東方進口的好漂亮長袍，我的妻子和我想一人買一件。如果我答應投資十分之一的收入，我們就無法滿足這個欲望和享受其他逸樂。我一直拖著沒做決定，而最後也太遲了，以至於我日後相當後悔，整個計畫比大家所想像的還賺。這就是我的故事，讓大家知道好運如何從我的指縫中溜走。」

「這個故事讓我們看到好運會降臨在懂得抓住機會的人身上。」一個來自沙漠的黝黑男人說。「建立資產要有個起頭，這個開始可能是一個人從收入裡拿出幾枚黃金或白銀來投資。我自己擁有很多牛羊。在我小時候，我用一枚白銀買了一頭小牛，如此開啟了我的畜牧事業。這是我財富的起頭，對我來說很重要。

「一個事業的開端總要有點運氣。對每個人來說，第一步很重要，讓人從用勞力賺錢，變成用投資和分紅賺錢。有些人很幸運，年輕時就邁出了第一步，超越了那些起步較晚的人。有些人則很慘，像這位商人的父親，連一步也沒有踏出。

「如果這位先生聽從他父親的建議，在他年輕時就抓住機會，那麼現在他可以享受更多的財富。如果那位織布工先生能憑藉著運氣踏出第一步，這會是他累積財富的開始。」

「謝謝你！我也想說說。」一個從外國來的陌生人說。「我是敘利亞人。我的巴比倫語說得不是很好。我想獻給這位商人先生一個名字。你可能會覺得這樣的稱呼不禮貌，但我還是希望這麼稱呼他。唉，可是我不知道這在你們的語言裡要怎麼說。如果我用敘利亞語，你們也聽不懂。所以，哪位好心人，誰可以告訴我，要怎麼稱呼一個一直不做對自己有利事情的人呢？」

「拖拉鬼。」有個聲音回答。

「這位先生就是拖拉鬼！」敘利亞人一面大喊，一面興奮地揮舞雙手。「他在機會降臨時沒有把握；他等；他說現在很忙，反正還會再有機會。但是，機會不會等這麼拖拉的人。如果想要好運，應該是快速抓住機會。機會來臨時，誰慢了半拍，就是這位拖延鬼，這位商人先生。」

老商人起身，和善地鞠了個躬，回應大家的笑聲。「親愛的外國先生，我很欽佩你直言不諱。」

阿卡德說：「那麼，我們現在再聽另一個機會的故事。誰還有經驗願意分享呢？」

「我有。」一個穿著紅色袍子的中年人說。「我買賣動物，通常是駱駝和馬匹，有時候我也會買綿羊和山羊。我要說的故事是真的，是關於機會在某天晚上突然降臨，完全出乎我的意料。或許就是因為這樣我錯失了機會。關於這點你們可以幫我評斷。

「某天傍晚，我從一趟找尋駱駝之旅回到城內；這十天之間，我什麼也沒找到，十分煩悶。回到巴比倫，我生氣地發現城門竟然關了，也鎖了起來。我的奴隸幫我架好了過夜的帳篷，但我們已經沒什麼食物也沒有水。這時，有個年老的農人走向我們，和我們一樣，他也被鎖在城牆外。

「他對我說：『受人尊重的先生啊，你看起來是個採購牲畜的商人。如果是這樣，我非常想要賣給你最頂級、剛趕上來的綿羊群。唉，我的妻子發燒臥病在床，我一定要趕回家。請買我的羊群吧，這樣我和我的奴隸就可以騎上駱駝，立刻返家。』

「那時天色暗到我看不清楚他的羊群，但是從叫聲我知道的確有不少羊。因為之前浪費了十天找不到一隻駱駝，所以我現在很開心可以和他談生意。他急著脫手，所以價格聽起來的確不錯。我接受了，知道我的奴隸能在早上把羊趕進城裡，賣個好價錢。

「談好價格後，我叫我的奴隸把火炬帶過來數一數羊隻，看是不是如老農人所說的，有九百頭羊。不用我說，你們也可以想像這有多困難，要在暗夜中數清一群又渴又躁動的羊，根本就是不可能。所以，我直截了當地和老農人說，日出後我再數，然後再付錢給他。

「老農人哀求：『行行好，先生。你今晚只要付我三分之二的價錢就好了，這樣我就可以上路。我會把我最聰明、最受過教育的奴隸留下來，幫你在早上算清楚羊隻。他很可靠，你也可以把剩餘的款項交給他。』

「我很固執，那天晚上並沒有付他錢。隔日一早，在我醒來之前，城牆一開，四名採購牲畜的商人直衝出城，尋找牧群。他們很願意出高價，因為整座城市正在被圍城中，糧食短缺。最後，那個老農人賣出羊群的所得，幾乎是我前一天晚上出價的三倍。這就是難得的好運從我指縫間溜走的故事。」

「這真是一則極不尋常的故事。」阿卡德說。「你們覺得故事的含意是什麼?」

一名受人尊崇的鞍匠說:「這個故事告訴我們,如果談到一個好價格,應該馬上付款。如果談妥的價格很好,我們不僅要提防別人,也要防範自己。我要說的是,我們凡人很善變。唉,常常明明是對的,我們卻改變了心意。如果我們錯了,反而固執得要命。正確時,我們反而搖擺不定,然後讓機會溜走。我的第一個判斷是我最好的判斷。但是,我總是發現,談到好價格後,我反而覺得無法催促自己進行下一步。所以,為了對付自己這樣的弱點,我當下馬上付錢。這樣,我才不會在日後後悔,明明當初運氣很好,卻沒有把握。」

「謝謝你!我想再說說我的意見。」敘利亞人又站了起來。「這些故事都很像,每一次機會都因為同樣的原因而消失無蹤。每一次機會降臨,把好計畫帶給拖拖拉拉的人。每一次他們都躊躇不前,不認為當下是最好的時機，不懂得迅速行動。這樣的人怎麼會成功呢？」

牲畜採購的商人回答：「謝謝你睿智的評論，我的朋友。這幾個故事都顯示了好運在拖延中溜走。但這並不會不尋常，每個人都有拖延的傾向。大家都喜歡財富，有多少次機會出現時，拖延的心態讓我們端出各式各樣的託詞而不好好把握？放任自己拖拖拉拉，我們變成自己最大的敵人。

「我年輕時還不懂得這位敘利亞先生愛用的字的意涵。我一開始以為只是我的判斷力不好，讓我在交易中有所損失。後來，我了解到是自己太過固執。之後，我也認清自己最大的弱點：需要快速、篤定行動時，無謂拖延的習慣。這個習慣的真面貌多麼令人憎恨。後來，我像一隻討厭被馬車拴住的野馬，擺脫了這個敵人，得到了成功。」

敘利亞人說：「謝謝你！我還想要問商人先生，你的衣服好高級，和窮人穿得都不一樣。你聽起來像是很成功的人。請告訴我們，你現在還拖拖拉拉嗎？」

商人說：「像那名採購商一樣，我也正視了自己拖延的習慣，然後戰勝它。對我來說，拖延是敵人，總是伺機在側，準備阻撓我成功。我剛剛說的故事不過就是我經驗的其中一則，讓大家看到拖延如何趕走了機會。一旦了解之後，要改正並不難。不會有人眼睜睜地看著自己應得的收穫受人洗劫一空，也不會有人自願讓敵人趕走客人並奪取收益。當我一旦認清是敵人在作怪，我馬上堅定地採取行動，克服這個惡習。所以每個人都要戰勝自己的拖延，這樣才能在巴比倫得到夢想的財富。

「阿卡德，你覺得呢？因為你是巴比倫最有錢的人，大家都認為你一定非常幸運。你同意我說的嗎？如果不克服自己拖延的習慣，一個人絕不可能達到完滿的成功。」

「我完全同意。」阿卡德說。「在我漫長的人生中，我看到一代又一代的人，循著貿易、科學、知識的大道，得到成功。機會每個人都有。有些人適時把握，一步又一步地朝著他們的目標前行。但大多數人猶豫、佇足，落後於他人。」

阿卡德轉向織布工：「是你建議我們大家討論運氣這件事。讓我們現在聽聽，你是怎麼想的呢？」

「我現在對所謂『好運』有了不一樣的了解。我從前覺得好運很棒，可能一個人完全沒做什麼，就發生在他的身上。現在，我知道好運不會憑空降臨。從我們的討論中，我學到了要吸引好運到來，要先把握機會。因此，我在未來會竭盡所能地在機會來臨時，好好把握。」

阿卡德說：「你已經完全掌握了我們討論得出的真理。我們的確發現好運不常有，但總是出現在機會之後。那名商人先生如果接受了幸運女神給他的機會，他可能會有大好的運勢。同樣地，這名採買牲畜的先生如果順利買進羊群，然後高價賣出，好運也可能就是他的。

「在討論中，我們的確想問有沒有什麼方法可以吸引好運降臨。我想，我們已經知道了訣竅。這兩個故事都告訴我們，好運尾隨著機會。就算有其他好運降臨或錯失運氣的故事，真理仍然不變。這個真理就是：只要把握機會，好運隨之而來。

「那些非常想要掌握機會一飛衝天的人，自然就會得到幸運女神的注目。她不會吝於幫助她喜歡的人，而行動力十足的人正是她的最愛。

「行動會帶領你走向想望的成功。」

有行動力的人會得到幸運女神的青睞。

五

黃金的五條律法

「一個裝滿黃金的袋子和一塊刻有智慧之語的泥板，如果能選擇，你要選哪一個？」

沙漠灌木升起的火堆，燒得劈啪作響。火光閃爍下，聽眾晒得黝黑的臉龐發亮，大家都興趣十足。

「那一袋黃金，黃金。」二十七人齊聲說道。

老喀拉巴柏意味深遠地微笑著。

他舉起了手，說：「注意，有聽到野狗在夜裡狂吠嗎？那些狗因為瘦骨如柴、飢腸轆轆，所以這樣嚎叫。但是，如果給牠們食物會怎樣呢？牠們會變得昂首闊步，到處逞凶鬥狠。牠們毫不考慮明天的到來，更加揮霍自己的精力。

「很多人也一樣。把黃金和智慧擺在他們面前，他們選什麼呢？忽略智慧，虛擲黃金。到了明天他們一毛不剩時，只能號哭。

「那些知道黃金的律法並遵守的人，才能擁有黃金。」

寒冷的夜風吹著，喀拉巴柏用他的白長袍裹住他細瘦的雙腿。

「你們這趟長途跋涉殷勤地服侍我，把我的駱駝照顧得很好，穿越炙熱的沙漠時毫不埋怨，又勇敢地打退了要來搶奪商貨的強盜。所以，我今天晚上要說一個你們前所未聞的故事，一個關於黃金的五條律法的故事。

「請你們仔細聆聽我接下來要說的話。如果你們能夠了解我的意思，並且用心揣摩，在未來的日子裡，你們將擁有許多黃金。」

他突然停了下來。在巴比倫王國澄澈的天空中，繁星閃爍。在這一群人身後，他們褪色的帳篷在樹樁上紮得緊實，防範可能來襲的沙塵暴。帳篷旁整齊堆著用皮革蓋著的商貨。駱駝散落在附近，有些悠閒地嚼著半爛的草，有些粗啞的打呼聲不諧和地此起彼落。

「您已經告訴了我們好多精彩的故事，喀拉巴柏。」馱運隊長說。「您的智慧一路上指引著我們，可惜明天旅程就結束了。」

「我說的不過只是些我在異地冒險的經歷。今晚，我要告訴你們的是富有智者阿卡德的智慧。」

「我們聽過很多關於他的事蹟。」馱運隊長說。「因為他是巴比倫有史以來最有錢的人。」

「他是最有錢的人，因為從來沒有人像他這麼了解黃金。我今天晚上要告訴你們他的大智慧，這是他的兒子諾瑪西多年前在尼尼微告訴我的，那時我還只是個小伙子。

「我和我的老闆在諾瑪西的宮殿裡待到很晚。我們帶了一捆捆精美的地毯給諾瑪西挑，他每一張都看過，直到他選到滿意的顏色為止。之後，他很高興，命令我們和他一同坐下來，請我們喝了一款稀有的陳釀。酒香撲鼻，一入口，萬分暖胃。在那時，我還沒喝過多少次酒呢。

「他告訴了我們這個故事，關於他父親阿卡德的偉大智慧，也就是我現在要說的。

「在巴比倫，假設父親有錢，他的兒子會和父母住在一起，以期繼承遺產，這是一種習俗。阿卡德不同意這樣的習俗。因此，當諾瑪西成年時，阿卡德把他叫了過來，對他說：

「『我的兒子，我希望你能繼承我的財產。但是，你必須先證明你有理財的能力。因此，我希望你可以出去闖闖，讓我看看你不僅會賺錢，也能受人尊重。

「『為了讓你順利起步，我要給你兩樣東西。這是我自己在年輕還窮困時沒有的東西。

「『首先，我給你一袋黃金。如果你聰明運用，這會是你未來財富的基礎。

「『再來，我給你一塊泥板，上面刻有黃金的五條律法。照著行事，這些文字會讓你發達、安穩。

「『十年過後，你再回來這裡，告訴我你的經歷。如果你證明自己的價值和能耐，我會將你立為我的繼承人。否則，我會把財產給祭司，讓他們為我的靈魂與神的土地交換。』

「因此，諾瑪西拿了黃金，把泥板小心翼翼地包裹在絲布中，和一名奴隸各乘一匹馬，離開了家，出門自立。

「十年過後，諾瑪西返回家中。他的父親以他之名舉辦一場盛宴，邀請了許多親朋好友。宴席結束後，父母二人坐上了分居大廳兩側像王座一般的座位，諾瑪西站在他們面前，依照諾言，告訴他們自己的經歷。

「那是個夜晚。房間昏暗，瀰漫著油燈燈芯的煙氣。穿著白色編織外套和長袍的奴僕用長梗的棕櫚葉，有節奏地搧著潮濕的空氣。現場一派雍容莊嚴。諾瑪西的妻子和他的兩個小兒子，以及朋友和其他家庭成員，坐在後面的地毯上，專心地聽著。

「諾瑪西必恭必敬地說：『我的父親，我向您的智慧致敬。十年前，當我即將成年時，您送我出門闖蕩，要我成為人中之龍，而不是繼續接受您的庇蔭。

「『您大方地給我您的黃金和智慧。唉，我要承認那些黃金一點也不剩。像一隻野兔，看到機會就從第一次抓住牠的年輕人手中逃離，那些黃金也是如此，我經驗不足的手還沒抓牢黃金就溜走了。』

「他的父親寬容地笑著。『繼續說，兒子，你故事中的所有細節我都很有興趣。』

「『我決定去尼尼微，因為它是一個發展中的城市，我想在那裡應該能找到機會。我加入了一支商隊，結交了一些朋友。其中有兩位說話文雅的男子，騎著一匹俊美如風的白馬。

「『旅途中，他們告訴我一個祕密。在尼尼微有個有錢人，擁有一匹神駒，跑得飛快，從來沒有輸過。牠的主人相信沒有任何馬可以跑得比牠更快。因此，無論賭注多大，這個有錢人都樂於接受，因為他相信他的馬可以贏過所有巴比倫王國的馬。但我的朋友說，和他們的馬相比，那匹神駒不過是一頭笨拙的驢子。

「『他們願意讓我加入這場賭注，說是賣了個人情給我。我一頭栽入了這個計畫。

「『結果，我們的馬慘敗，我賠了很多黃金。』這時，他的父親大笑。『後來，我發現這是這些人的騙局。他們不斷在商旅中尋找受害者。你看，尼尼微的那個人是他們的同夥，他們一起分紅。這個精明的騙局讓我上了第一課，我學到要照顧自己。

「『過不了多久，我又學到同樣慘烈的一課。在商隊中我和另一名年輕男子成為朋友，他的父母親很有錢。像我一樣，他也是要到尼尼微找個合適的地點。我們到達不久之後，他告訴我有個商人去世了，他留下的商品和顧客可以用非常低的價格買到。他說我們是平等的合夥人，但他要先回去巴比倫拿他的黃金。他說服我先用我的黃金把東西買下來，並同意以後將使用他的資產來開展我們的事業。

「『但他遲遲沒有啟程前往巴比倫。在此同時，他也證明自己既沒有買進貨品的眼光，花錢也沒有腦袋。最後我把他趕了出去。可是在這之前，生意已經糟到我們只有賣不出去的東西，也沒有錢再買新的貨品。我把所剩的全部資產都給了一個以色列人，只賣了一個很不好的價錢。

「『父親，在這之後我的日子一天比一天慘。我想找工作，但遍尋不著，因為我沒有賺錢的工具或經驗。我把馬匹賣掉了，把奴隸賣掉了，把幾件多出來的長袍賣掉了，只為了有東西吃，有地方睡。但生活上殘酷的匱乏，一日比一日更明顯。

「『那困苦的日子裡，我想起了您對我的信心。您送我出外闖蕩，希望我自立自強，我一定要達成。』他的母親低下了頭，柔聲哭泣。『這時，我想起了您給我的那塊刻有黃金的五條律法的泥板。於是，我仔細地讀了您的智慧之言，意識到要是我先尋求智慧，就不會損失黃金了。我認真地學習每條律法，並確定當幸運女神再次向我微笑時，歲月的智慧會指引我，而不是年輕的莽撞無知。

「『為了今晚坐在這裡的各位，我將朗讀十年前父親刻在他給我的泥板上的智慧之言：

黃金的五條律法

第一，留下不少於十分之一的收入，為自己和家人建立資產。如此一來，黃金自然翩翩來到，大量增加。

第二，用對了地方，黃金會為明智的主人辛勤又快樂地工作，像原野上的牧群倍增。

第三，小心翼翼的人會根據懂得理財的智者提供的建議來投資，黃金自然緊跟在側。

第四，如果把黃金用在不熟悉的生意或自己不了解的用途上，或者投入內行人不認可的地方，黃金會消失得無影無蹤。

第五，如果硬要賺不可能賺到的錢，如果一頭栽入了別人花言巧語編造的騙局，如果毫無經驗地衝動投資，那麼黃金會從一個人的身邊溜走。

「『這是父親寫給我的黃金五條律法。我認為它們比黃金本身還重要，接下來的故事可以證明為什麼我會這樣覺得。』

「諾瑪西轉身面對他的父親：『我已經告訴您，我的年少無知讓我墮入多深的貧困與絕望。

「『但是，一連串的顛簸總會結束。我的人生在我找到了新工作後出現了轉折。我負責管理一群建造尼尼微外城牆的奴隸。

「『黃金的第一條律法讓我知道開始存錢。從第一筆薪水中，我存了一枚銅幣。然後一有機會就慢慢累積，直到我有了一枚白銀。這個過程漫長，畢竟還是要生活。但我承認我花錢花得很小心，因為我非常想要把您給我的黃金在十年期滿前賺回來。

「『我和那些奴隸的主人漸漸變成朋友。有一天，他說：「年輕人，你不亂花錢，生活得非常節省。你有擱置著沒在生利息的黃金嗎？」

「『我回答：「有。我最大的心願就是把父親給我但已經被我賠光的黃金賺回來。」

「『「我同意這是個很好的抱負。但你知道你存的這些黃金可以為你工作，然後賺進更多的錢？」

「『「啊，我投資的經驗相當丟臉，把父親給我的錢都賠完了。現在我很怕我會重蹈覆轍。」

「『「如果你信任我，我會告訴你如何運用這筆資金。不到一年，這座外牆就會完工，接下來就需要在每個出入口建造銅製的大門來抵抗王國的敵人。尼尼微現在沒有足夠的銅，國王也還沒想到要先準備。我有一個計畫：我們有一群人準備集資，派一輛商隊去遙遠的礦場，那裡可以挖到銅和錫，然後把這些金屬運回尼尼微。當國王下令：『建造城門』，就只有我們可以供應這些金屬，然後他自然會出高價來買。如果國王不跟我們買，我們一樣可以以不錯的價格脫手這些金屬。」

「『聽完他的計畫，我發現我可以照著黃金律法第三條，聽從智者的建議來投資我的儲蓄。我也沒有失望。我們的集資大成功。我小小的財富因為這筆交易增加許多。

「『一段時間之後，同樣一群人邀我參加其他投資。他們都很懂得怎麼理財，每一個計畫都仔細檢視，從不躁進。若會影響他們的本金，或投資有可能無法回收，他們不會想要試運氣。他們也絕對不會考慮像我之前因為沒有經驗所以投入的賽馬和共同創業。他們會馬上指出這些蠢事的弊病。

「『我從這些人身上學到如何投資獲利。一年一年過去，我的財產增加得愈來愈快。我不僅把以前賠掉的賺了回來，還賺了更多。

「『無論是好運、壞運、成功、試煉，我一再又一再地見證了黃金五條律法的真諦。對於不知道這些律法的人來說，錢難賺且易損。但遵循這五條律法的人，黃金不僅翩然降臨，還成為他忠實的奴僕。』

「諾瑪西停了下來，揮了手叫一名奴隸上前。這名奴隸搬出了三個沉重的皮袋。諾瑪西拿了其中一袋，放在他的父親面前，說：

「『您給了我一袋黃金，巴比倫的黃金。看看這裡。我還給您一袋一樣重的尼尼微的黃金。每個人都會說這是平等的交易。

「『您也給我一塊刻有智慧之言的泥板。在這裡我還給您兩袋黃金。』一面說，他一面接過奴隸手中的另外兩袋，然後同樣放在父親的面前。

「『父親，我要向您證明，我認為智慧比黃金還重要得多。但是，誰能用黃金來衡量智慧的價值？沒有智慧，就算擁有黃金，也很快就會不見；但有了智慧，沒有黃金的人，也能找到致富的方法，證據就是這三袋黃金。

「『父親，能站在這裡，向您稟告，是您的智慧讓我變得富有又受人尊重。這是我最大的幸福。』

「阿卡德摸了摸諾瑪西的頭：『你體會甚多，我很幸運有你當我的兒子，讓我寄託我的財富。』」

喀拉巴柏在此停了下來，深深地看著他的聽眾。

「諾瑪西的這個故事告訴了你們什麼呢？」他問。

「你們有誰能向你們的父親或岳父，訴說自己聰明理財的事蹟？

「如果你說：『我周遊各地，學到了許多事，嘗試了很多工作，也賺了不少。只可惜，我並沒有很多黃金。有些我精細地用，有些我隨意虛擲，因為胡亂花錢，所以賠了不少。』這些為人敬重的老人會怎麼想呢？

「有些人有錢，有些人窮。你們還覺得這是命運隨機的安排嗎？那你們就錯了。

「會有錢，是因為他們知道並遵從了黃金的五條律法。

「因為我在年輕時學到了這五條律法，並且遵照，我成了一個有錢的商人。我能累積財富，不是因為我用了什麼奇怪的魔法。

「錢財來得快，去得也快。

「能留在身邊，並帶給人愉悅和滿足的財富是逐漸累積的，是知識和持久目標的產物。

「賺錢是深思熟慮的人的一個小負擔。年復一年地承受這一負擔就可以達到最終目的。

「遵從這五條律法，將帶給你豐厚的回報。

「每一條律法都有其深意。我現在再重複一遍，以免你在簡短故事中沒注意到。每一條我都銘記在心，因為我年輕的時候就知道它們的價值，把條文背得滾瓜爛熟。」

黃金第一律

留下不少於十分之一的收入，為自己和家人建立資產。如此一來，黃金自然翩翩來到，大量增加。

「只要持續地留住收入的十分之一，聰明投資，就可以創造一筆不小的財富。這樣不但可以養活自己，也可以確保家人的安全，以免哪天蒙神寵召，遁入他界。這條律法說黃金會『翩翩來到』。我真的覺得是這樣。我累積愈多黃金，黃金就自然而然出現，且愈來愈多。我存的錢賺得也多，錢滾錢，錢生錢，這是第一律的定則。」

黃金第二律

用對了地方，黃金會為明智的主人辛勤又快樂地工作，像原野上的牧群倍增。

「黃金很自發地工作。只要有機會，黃金就會倍增。只要有準備好的資金，獲利的機會自然出現。幾年過後，黃金倍增的速度會叫人吃驚。」

黃金第三律

小心翼翼的人會根據懂得理財的智者提供的建議來投資，黃金自然緊跟在側。

「黃金會緊緊跟著小心翼翼的人，也會迅速逃離粗心大意的人。諮詢懂得理財的人，馬上就能學到不危害自己財寶的投資方法。護其周全，享受財富不斷的增加。」

黃金第四律

如果把黃金用在不熟悉的生意或自己不了解的用途上，或者投入內行人不認可的地方，黃金會消失得無影無蹤。

「有人有黃金卻不知道怎麼處理，好像好多種用途看來都有利可圖。常常這些機會其實都暗藏賠錢的危機，如果是聰明人好好分析，馬上就能看出賺錢不太可能。所以，缺乏經驗的人，如果依賴自己的判斷，把黃金投資在自己不熟悉的生意上，最終容易發現自己判斷錯誤，因為自己的無知而丟了錢財。聰明的人會聽從善於理財的人，依照他們的建議來投資。」

黃金第五律

如果硬要賺不可能賺到的錢，如果一頭栽入了別人花言巧語編造的騙局，如果毫無經驗地衝動投資，那麼黃金會從一個人的身邊溜走。

「像冒險故事一樣刺激的夢幻提案，總是出現在黃金的新主人面前。這似乎讓他的錢財有了魔力，什麼樣的錢都能賺。但是請聽智者一言，因為他們知道每個突然帶來大量財富的計畫，都有潛在風險。

「不要忘記尼尼微的那些有錢人，若會影響他們的本金，或投資有可能無法回收，他們不會試運氣。

「我的故事說到這兒，我已經把成功的祕密都告訴了你們。

「但其實這些不是祕密，而是真理。每一個想脫穎而出的人，不想像野狗一樣每天擔心溫飽的人，都應該學會並遵循。

「明天我們就到巴比倫了。看，貝爾神廟永遠不滅的聖火！我們已經可以看到這座黃金城市。明天，你們每個人都會有黃金，是辛勤忠誠的你們應得的。

「十年後，關於這些黃金，你們會說出什麼樣的故事呢？

「如果你們之中有像諾瑪西一樣的人，把一部分的黃金用來發展自己的事業，然後接下來好好地遵循阿卡德的智慧，那麼，十年後，就像阿卡德的兒子，會變得有錢又受人尊重。

「我們所有的明智之舉，在一生中都會陪伴我們，幫助我們，讓我們歡喜。但同樣地，我們所有不明智的作為也會跟著我們一輩子，困擾著我們，折磨我們，怎樣都忘不了。縈繞在心的折磨，最清晰的總是那些我們應該要做而未做的事，那些曾經出現卻沒有把握的機會。

「巴比倫的寶藏是財富，價值連城，卻沒有人知道到底要怎麼用幾塊黃金來衡量。每一年，這些寶藏更加豐厚也更有價值。就像土地蘊藏的寶藏，豐厚的回報等著有目標和決心的人來獲取。

「你的想望是種魔力。讓黃金的五條律法指引這樣的力量，你就會得到巴比倫的寶藏。」

六

巴比倫的錢莊老闆

五十枚黃金！古巴比倫的製矛工匠羅丹的皮包裡從來沒有那麼多錢。他開心地走在國王的大道上，離開了宮殿，想著陛下真是慷慨極了。每踏一步，繫在腰上的皮包晃呀晃的，裡頭的黃金悅耳地叮噹作響——這真是他聽過最甜美的音樂。

五十枚黃金！全都是他的！他完全不敢相信自己的好運。這叮噹作響的金幣有多大的力量啊！他可以買任何想要的東西，一棟豪宅、土地、牛群、駱駝、馬匹、馬車，任何他想要的東西。

他要怎麼用呢？這一天晚上，當他轉進一條小街，走向他妹妹的家，他除了這閃閃發亮、沉甸甸的黃金，什麼都不想要。全部都是他的。

幾天後，某一天晚上，羅丹走進馬松的店裡。馬松專門買賣珠寶和稀有的布料，同時也是錢莊老闆。羅丹逕自穿過了擺設美麗的店面，兩旁五顏六色的商品他一眼也沒瞧，滿臉困惑地進到店鋪後的起居空間。文雅的馬松半臥在一張地毯上，一名黑人奴隸正服侍他用餐。

「我想要問問你，因為我不知道該怎麼做。」羅丹雙腳微開地呆呆站著，沒扣的毛皮外套露出毛茸茸的胸膛。

馬松細長的、蠟黃色的臉微笑著問候。「你是做了什麼壞事，竟然跑來錢莊？你在賭桌上賠了錢嗎？還是哪位豐腴的貴婦糾纏了你？我認識你這麼多年，你從來沒有在麻煩時尋求我的幫助。」

「不，不，不是那樣子的事。我不要錢。我是需要你睿智的建言。」

「你說什麼？從來沒有人到我這兒，要問我的意見。我一定是聽錯了。」

「你沒聽錯。」

「真的嗎？羅丹，這位製矛工匠，看起來比其他人更有腦袋一點，因為他竟然不要借錢，而是要我的建議。很多人為了自己的荒唐事，跑來我這兒借錢；從來沒有人要聽我的建議。但是誰會比我更懂得錢呢？大家來找我都是財務上有了麻煩。」

「羅丹，和我一起用餐吧。」馬松繼續說。「你是我今晚的客人。安多！」他命令他的奴隸。「帶一張地毯來給我的朋友製矛工匠羅丹。他來請我給他建議。他是我敬重的客人。幫他準備一頓大餐，給他一個大酒杯。選最好的酒來，讓他痛快地喝。」

「現在，告訴我你在煩惱什麼。」

「是關於國王的賞賜。」

「國王的賞賜？國王賜給你禮物但你卻為其煩惱？是什麼禮物？」

「我重新設計了皇家守衛的矛尖，呈上之後，國王非常開心。他給了我五十枚黃金，但我現在不知道該怎麼辦。

「現在，白天的每分每秒，都有人來求我和他們分享這筆錢。」

「這很正常。多數人想要錢，卻不想擁有錢，都希望誰突然致富後願意分一些給人。你不能拒絕嗎？你的意志不像拳頭一樣強壯嗎？」

「我大部分時候都能拒絕，可是有時候答應比較簡單。有可能拒絕我鍾愛的妹妹嗎？」

「可以啊，自己的妹妹不會想剝奪你享受財富的權利。」

「但是，她是為了自己的丈夫阿拉曼拜託我，她想讓他變成有錢的商人。她覺得阿拉曼一輩子都沒有碰過好機會，所以她求我借一筆錢給他，讓他可以變得富足，然後等他賺了錢後再還我。」

馬松說：「我的朋友，這是個很值得討論的問題。黃金讓持有者有責任，也改變了他在群體中的地位。但黃金也讓人害怕失去，害怕被人欺瞞。黃金帶來力量和行善的能力。同樣地，因為持有黃金而萌發的善意，有時候反讓人陷入尷尬的難題。

「你聽說過有一個尼尼微的農夫嗎？他聽得懂動物之間的交談。讓我來告訴你，讓你知道借錢不只是把黃金從一個人的手上傳到另一個人的手裡。

「這名農夫能了解動物之間彼此溝通的語言。每天晚上，他在農場閒晃，只為了聽聽動物在說些什麼。有一天，他聽見一頭牛正在向一頭驢子哀嘆自己悲慘的命運：『我從早到晚拖著犁，不論冷暖，就算累得半死，牛軛已經磨傷了我的脖子，我都還是得工作。但你成天悠哉。你披著彩色的毛氈，什麼也不做，只是載著主人四處探訪。他如果不出門，你就能休息，整天吃著嫩綠。』

「儘管牠腳跟疼痛，這頭驢心地良善，很同情牛的處境。『我親愛的朋友，你工作辛苦，我來幫你變得輕鬆一些。我告訴你怎麼休息一天。當早上有人來拉你去犁田時，你要躺在地上，不停哞叫，然後他就會告訴主人，你生了病，無法工作。』

「隔天早上，牛聽了驢子的建議。奴僕也真的跑去向主人報告，牛生病了，拖不了犁。農夫說：『那麼，把犁套在驢子身上，畢竟現在農忙，一刻耽擱不得。』

「本來只想為朋友解套的驢子，沒想到那一整天都在幫牛代班。到了夜晚，終於卸下機具時，他恨意十足，雙腿無力，脖子被軛壓得疼痛不已。

「農夫在穀倉邊晃著，想聽聽牠們說些什麼。

「牛先開了口：『你真是我的好友。因為你睿智的建議，我好好休息了一天。』

「驢子回嘴：『我明明只是單純地想幫你，結果竟然落得如此下場。從現在開始，你自己去拖犁。我也聽到了主人的吩咐，他說，如果你再病下去，就把你送到屠夫那兒去。我希望他快把你送去，因為你實在有夠懶。』之後，牠們再也沒有說過半句話，這件事斷了牠們之間的友情。羅丹，你懂得這個故事的寓意嗎？」

羅丹回答：「這是個好故事，但我不太懂。」

「我也覺得你應該不懂，但寓意很明顯並且不難。就是這樣：如果你想要幫助你的朋友，別讓他的重擔變成你在挑。」

「我的確沒有想到。這是個很有用的道理，我不想擔起妹夫的責任。但請告訴我，你借很多人錢，有人不是借錢不還嗎？」

馬松微笑著，笑容透露出他的人生歷練富足：「如果不還錢，難道能借嗎？在借出之前，一定要謹慎小心地評估，自己的黃金是否對來借錢的人有用，然後他還得回來嗎？還是說，一看就知道來借錢的人會亂花，不僅賠掉你的借款，也還不出錢來。我讓你看看人們放在我這邊的抵押品，告訴你它們背後的故事。」

他拿出了一個和他的手臂一樣長的小箱子。箱子上覆著紅色的豬皮，外表有繁複的銅飾。他把箱子放在地上，跪在前面，兩隻手放在蓋上。

「我每借一筆錢出去，就收取一個抵押品，放在這個小箱子裡，直到錢還回來。當他們還了錢，我就把抵押品還給他們。但如果還不出來，這些東西就會不斷提醒我，是誰辜負了我對他們的信任。

「這個箱子告訴我，最安全的借款，是給那些擁有的東西比想要的東西更珍貴的人。他們已經有田地、珠寶、駱駝，或是其他可以變賣的東西來還款。有些人給我珠寶當抵押品，價值比我借給他們的錢還高。有些人則是承諾如果他們還不出來，某部分地產就會歸我。像這一類的借貸，我相信我的黃金最終都會回到我的身邊，還附加利息，因為他們是以實際的財產借款。

「另一種是來借錢的人本身有賺錢的能力。就像你一樣，付出勞力，提供服務，然後得到報酬。這些人有收入，如果他們正當行事，沒遇上壞運，我也知道他們還得出錢，也會給我應得的利息。這些借款是以人類的勞力償還。

「有些人，既沒錢，也沒有固定的收入。他們生活困頓，無所適從。除非這些人品行正直，有好朋友為他們擔保，不然，借給這些人，就算只是微不足道的小錢，我的小箱子也會在接下來的好幾年譴責我。」

馬松扳了箱扣，打開箱蓋。羅丹好奇地探頭看。

在箱子的最上層是一條棕色的項鍊，擺在一塊暗紅色的布上。馬松拿起項鍊，深情地撫摸著。「親愛的項鍊，你永遠會待在這裡，因為你的主人已經去世。我小心地保管他的抵押品，也珍藏關於他的回憶。他曾是我的好友。我們一起從事買賣，賺了不少，直到他從東邊娶了一個很漂亮的妻子，和我們這兒的女人完全不一樣，是個讓人眼睛發直的尤物。他為了滿足妻子，大肆花錢。當他耗盡了財產，他沮喪地來找我。我勸他，我也說我會幫他找回財富。他以神牛的符號向我發誓，他一定會重新爬起。可是事情並沒有就此完滿。在一場爭吵中，他問妻子敢刺他的心臟嗎？他的妻子還真一刀刺死了他。」

「那他的妻子呢？」羅丹問。

「嗯，這塊絲絨是她的。」馬松拿起了暗紅色的布。「在痛苦的悔恨中，她跳進幼發拉底河，自殺了。這兩份借款永遠不會還了。這個箱子告訴你最好不要借錢給情緒激動的人。」

「這裡是一件不太一樣的東西。」馬松拿了一只牛骨雕成的戒指。「這是一個農夫的。我向他的女眷買地毯。有一年，蝗蟲過境，他們沒有食物。我幫了他，他也在農收後，把錢還給了我。之後，他又來了一次。他告訴我，有一名旅人說，遙遠的地方有一種很奇怪的羊，身上長了好細好長的毛，可以織成在巴比倫前所未見、最美麗的地毯。他希望可以養一群這種羊，但是他沒有錢。所以我借錢給他，讓他出門買回了羊。現在，他的羊漸漸成群。明年，我就可以向巴比倫的王公貴族展現最高級昂貴的毛氈地毯，他們會爭先搶購。不久，我也要還給農夫他的戒指。他一再說他一定會馬上還錢。」

羅丹問：「有些借錢的人會像這樣？」

「如果他們為了賺更多錢而借錢，的確是如此。但如果他們因為不節制開銷而借錢，我警告你，一定要小心，不然錢永遠回不來。」

「跟我說一下這個東西的故事吧。」羅丹一面請求，一面拿起一只沉重的黃金手環。手環上鑲著雕琢奇異的珠寶。

「你真愛聽女人的故事啊。」馬松打趣著說。

「我比你年輕得多。」羅丹回答。

「我懂，但是你以為有什麼羅曼蒂克的故事嗎？其實沒有。這只手環的主人又肥又老，喋喋不休，卻什麼也沒說明白，讓人頭疼。過去，她家一度非常富裕，也是我的好顧客，但時運不濟。她原本想讓兒子從商，所以她來找我借錢，想說兒子可以和一個商隊的主人合夥。這個人到處遊歷，從這個城市採賣，到下一個城市易物。

「結果，這個人根本是個無賴。某天，當這個年輕人還在睡時，他提前落跑。這個可憐的男孩於是被丟在一個遙遠的城市，身上半毛也沒有，也沒有朋友。或許當他成人後，他會還我錢。我沒有向他們收利息，只是要聽那位媽媽絮叨。不過，我也的確要承認這只手環價值不斐。」

「這位婦人有向你請教嗎？」

「一點也沒有。她以為自己的兒子在巴比倫是個成功又有錢的人。如果稍微暗示她才不是這樣，她會暴怒。我曾被她罵了一頓。我知道借錢給這個沒有經驗的年輕人所帶來的風險，但是既然她擔保我也不好拒絕。」

拿起了一小段打成節的捆繩，馬松繼續說：「這是駱駝商人涅巴圖爾的。當他不夠錢買想要的駱駝時，他把這捆繩結拿來給我，然後我依照他的需求借錢給他。他是一位聰明理性的商人。我對他的判斷很有信心，他要借多少我都會給他。我對其他很多巴比倫的商人也都很有信心，因為他們行事正當。他們的抵押品來來去去。我們城市的資產就是這一群好商人，幫助他們繼續做生意，我自己也會獲利，巴比倫更是因此繁盛。」

馬松拿起了一個用龜殼雕成的小蟲，輕蔑地丟在地上。「從埃及來的蟲子。這個小夥子根本不在乎我拿不拿得回我的錢。我罵他，他還回說：『當壞運追著我跑，我怎麼可能還得出錢？你還有這麼多錢。』這樣，我能說什麼。這個抵押品是他父親的。這位先生是個做小本生意的正直人，他把土地和牧群都拿來幫助兒子創業了。這個年輕人起頭還不錯，但後來太想要賺大錢，他的知識並不成熟。不久，他的事業就倒了。

「年輕人充滿野心，愛走捷徑，想得到財富，滿足物欲。為了快點有錢，年輕人常常到處亂借。

「沒有經驗的年輕人，不清楚沒有辦法償還的債務就像深坑一樣，一瞬間就墜入，掙扎許久也無法脫身。這是個充滿悲傷和後悔的坑洞，白晝的光亮被蒙蔽，暗夜也無法安穩成眠。可是我並不是反對借錢，我反倒鼓勵人們多借。只要有明智的用途，我覺得借錢很好。我身為商人第一筆成功的生意，也是向別人借了黃金後談成的。

「可是，面對年輕人來借錢時，該怎麼辦呢？這個年輕人絕望又毫無成就，他很洩氣，也不想還錢。我又不想讓他的父親失去土地和牛群。」

「你說了很多我很有興趣的故事。」羅丹說。「可是關於我的問題，我還是沒有答案。我到底要不要借給我妹夫呢？他們是我很重要的人。」

「你的妹妹為人善良，我很敬重。如果他的先生來找我借錢，我會問他，他打算怎麼用。

「如果他說，他想成為一位商人，和我一樣買賣珠寶和高級飾布，那我會問他：『你有任何這方面的知識嗎？你知道怎麼用最低的價格買進商品嗎？你知道在哪裡可以賣到好價格嗎？』這些問題，他都能肯定回答嗎？」

羅丹承認：「不能。他在製矛上幫助我很多，也幫了店裡其他很多人。」

「那麼，我就會對他說他的目標不太明智。商人要了解他們的生意。雖然他的野心很好，但是不切實際，我也不會借他錢。

「但如果他說：『我幫助過很多商人。我知道要去絲莫那用低價向主婦買她們手織的地毯。我也認識很多巴比倫的有錢人會出高價買我的商品。』那麼我就會說：『你的目的合理，志向值得稱許。我會借你五十枚金幣，如果你能向我保證你會還錢。』但他會說：『我唯一能給的保證是，我是一個誠實的人，我一定會償還借款。』這樣，我就會回答：『我很珍惜每一枚金幣。如果你在前往絲莫那的途中被搶，或者回程時買到的地毯被匪徒搜刮一空，那麼你沒有辦法還得出錢，那我的錢就一毛不剩了。』

「羅丹，你看，對身為錢莊老闆的我來說，黃金就是我的商品。我可以很簡單就借出去。但如果隨便就借，就無法回收。聰明的放債方式怕的不是投資風險，而是收不回錢。

「幫助有困難的人很好，幫助被命運耍弄的人很好，幫助初創業的人進步立業也很好。但是，幫助要給得明智合理，不然，就像那個農夫的驢，我們幫助他人，自己反而承下了別人的重擔。

「我又岔題了。不過，既然羅丹你要聽我的建議，那就把你的五十枚黃金留下來吧。這是你工作賺來的，給你的報酬，那麼就是你自己的。如果不想，你沒有義務要為別人花掉這些錢。如果你認為借出去可以讓你賺回更多黃金，那小心翼翼地借，分散來借。我不喜歡閒置的黃金，但我不喜歡太多風險。

「你當了幾年的製矛工匠？」

「三年了。」

「除了國王的禮物，你還存了多少？」

「三枚黃金。」

「你每一年辛苦工作，自己什麼都捨不得花，只能存下一枚黃金？」

「你說得沒錯。」

「那麼，你要刻苦耐勞五十年，才能存五十枚黃金？」

「的確要工作一輩子啊。」

「你覺得你妹妹會犧牲相當於你五十年辛勞工作的積蓄，把這些錢花在她丈夫可能買賣的銅製熔盆裡？」

「如果我照你這麼說，她不會。」

「那麼，去告訴她吧：『我三年下來，除了齋戒日，日日工作，從早到晚，自己也什麼都不敢買。這樣一年下來，我只能存一枚黃金。你是我疼愛的妹妹，我也希望你的丈夫能生意興隆。如果他願意讓我過目他的計畫，然後我的朋友馬松也覺得計畫周詳可行，那麼我會借他一枚黃金，讓他有機會證明自己會成功。』請這樣對他說。如果他真的有想成功的心，他會證明自己。如果他沒有辦法證明自己，他也不會欠下償還不了的債務。

「我借人錢，是因為我有太多自己用不著的黃金。我希望我過多的資產能為他人所用，然後賺進更多金錢。可是，我也不希望冒賠錢的險，畢竟我自己曾經也辛苦過，也犧牲了許多，才存下財富。所以，如果我覺得不安全，我一毛都不會借。如果我不相信對方會馬上還錢，我也不借。

「羅丹，我已經告訴你裝抵押品箱子的一些祕密。從它們的故事，你應該了解人的弱點和借錢的理由，就算他們不知道怎麼償還。你也看得出來，很多時候，他們所謂如果自己有錢，就可以大賺一筆的絕佳機會，不過只是妄想，自己根本沒有能力去實現。

「羅丹，你現在有了可以為自己賺進更多錢的黃金。你現在和我一樣。如果你好好保存你的財富，這些錢會帶來更多的財產，讓你接下來的日子充滿快樂和利潤。但是，如果你讓這筆財富跑走，在有生之年，你會不斷念及這段讓你悲傷後悔的事。

「你最想用這筆黃金來做什麼？」

「我想存下來。」

「說得好，」馬松讚許地說，「你第一個就想到安全。你覺得在你的妹夫看守下，這筆錢會安全無虞嗎？」

「我想不可能，因為他不會守財。」

「那麼不要被愚蠢的親情義務煽動，而將你的財產寄託給任何人。如果你真的想幫助你的家人或朋友，找尋其他的方法，而不是投入你的資產。記住，若沒有好好守護，黃金會以意想不到的方式消失。被別人賠光，和自己虛擲是一樣的。

「你在安全之後想要什麼？」

「賺更多黃金。」

「你的話再度展現了智慧。黃金要用來生錢，讓財富增加。聰明借出的黃金，可能、甚至在一個人變老之前就翻倍成長。如果你害怕賠光，你也可能錯失賺錢的機會。

「那麼，不要被不切實際的計畫所惑，像是高得驚人的收益。那樣子的計畫，是不會做生意的人在作夢。保守投資，這樣財產才能長存。以為可以大賺一筆，到最後反而跌了一跤。

「結交有經驗的人，多接觸已成功的事業，讓人以智慧和經驗指引你投資，賺進更多的錢。祝你不會遭受厄運。大多數的人，神以為他們適合擁有財富，但有了錢卻不順遂。」

當羅丹要謝謝馬松，馬松說不用麻煩。「國王的禮物能教會你更多智慧。如果要確保五十枚黃金無礙，你一定要謹慎，很多用途都會誘惑你。很多人會給你建議。會有許多號稱能讓你賺大錢的機會。我告訴你關於抵押品的故事應該是個警惕，每次要讓錢離開你的錢囊，務必確定你有安全回收的方法。如果你還需要建議，請再來找我，我很樂意告訴你。

「在你離開之前，請讀讀我刻在抵押品箱蓋底下的文字。對錢莊和借款人都有用：多一分謹慎，少十分後悔。」

七

巴比倫的城牆

老班扎爾是嚴肅的戰士，守著通往巴比倫古城牆頂端的通道。在他的上方，英勇的衛兵正在奮力地守著城牆，肩負起這座擁有數十萬市民的偉大城市的存活。

從牆的另一邊傳來了敵軍的轟鳴，有許多人的吼叫，數千匹馬的蹄聲，和攻城車敲擊銅製大門的隆隆聲響，震耳欲聾。

長矛兵守在大門後面的街道上，如果大門守不住，他們要捍衛這條通路。這個小隊人並不多，因為巴比倫的主要軍隊正與他們的國王前往遙遠的東部，遠征埃蘭人。沒有人預期到在他們離開期間會有敵人來襲，因此城市防禦薄弱。出乎意料的是，亞述人的強大軍隊從北部席捲而來。而現在，城牆必須守住，否則巴比倫注定要滅亡。

班扎爾身邊是大批市民，面色慘白，非常害怕，著急地想要知道戰場上的消息。他們看著受傷或死亡的人一個個被抬出或帶出這條通道，靜靜地不吭聲。

這是敵人主要攻擊的點。在圍城三天後，敵人突然集中火力以強大的力量猛烈進攻這部分的城牆和這扇大門。

城牆頂端的衛兵以弓箭和焰火擊落了敵人的攻城平台和長梯。如果敵人上了城牆，則是以長矛擊退。數千名敵方的弓箭手，則是朝著城牆大肆放箭。

老班扎爾站在制高點，觀察情勢的變化。他離衝突最近，可以最先聽到我方又再一次擊退瘋狂的攻擊。

一名年邁的商人擠到老班扎爾附近，他癱瘓的手顫抖著。「告訴我、告訴我！」他懇求。「不能讓他們進來。我的兒子和好國王在一起，沒有人可以保護我的老妻，他們會搶走我所有的東西，他們什麼食物都不會留給我。我們已經老了，太老了，無法保護自己，也老到當不了奴隸。我們會餓死，我們會死。跟我說，不能讓他們進來。」

班扎爾回答：「冷靜點，先生。巴比倫的城牆很堅固。快回到市集，告訴妻子，城牆將保護你們和你們所有的財產，就像保護國王的豐富財寶。請靠近城牆一些，以免飛過來的弓箭射到了你！」

這名老人退居一旁，一名抱著嬰兒的婦女趨前接替他的位置。「軍士，有什麼新的消息傳來嗎？請誠實地告訴我，好讓我可憐的丈夫安心。他因為傷得很重而發燒，卻堅持用他的盔甲和長矛保護著我和孩子。他說，如果敵人闖入，他們會為了發洩的仇恨而燒殺擄掠。」

「心地良善的這位母親，巴比倫的城牆會保護妳和懷中的小孩，還有妳肚裡的新生命。城牆高聳堅固。你沒有聽見我們勇猛衛兵的叫喊嗎？他們把鍋裡燒得滾燙的油，倒在從梯子爬上城牆的敵人身上。」

「是的，我有聽到，我還聽到攻城車猛撞城門的轟隆。」

「回到妳的丈夫身邊。告訴他大門很堅固，可以抵擋攻城車。另外，就算敵人爬上城牆，也會被伺候中的長矛擊斃。小心，離開這裡，快躲到房子後面。」

班扎爾退到一邊，把通道讓給全副武裝的增援部隊。當他們走過，青銅盾牌錚然，腳步聲沉渾。這時，一個小女孩拉了班扎爾的腰帶。

「請告訴我，士兵，我們安全嗎？」她問。「我聽到可怕的聲音。我看到人都在流血。我好害怕。我們的家庭，我的母親，小弟弟和寶寶會變得怎樣？」

嚴肅的老戰士眨著眼睛，下巴向前推，看著這個孩子。

「別害怕，小朋友。」他向她保證。「巴比倫的城牆會保護妳和母親，還有弟弟和嬰兒。就是為了你們的安全塞米勒米斯皇后在一百多年前建造了城牆。從來沒有人能突破我們的城牆。回去告訴妳的母親、弟弟和嬰兒，巴比倫的城牆會保護他們周全，他們不需要害怕。」

日復一日，老班扎爾守著他的崗位，看著增援隊伍順著通道上了城牆，待在那裡戰鬥，直到受傷或死亡，才會下來。在他四周，害怕的群眾不停地簇擁著，急切地想知道城牆是否能守住。他以老兵的尊嚴回答了所有人：

「巴比倫的城牆將保護你們。」

攻擊持續了三個星期又五天，幾乎無止境的血腥。看著他身後的通道，班扎爾愈來愈嚴肅，愈來愈凝重。通道不但被眾多傷者的鮮血潤濕，也因為士兵不停地衝上跌下，而滿是泥濘。每天，他們把殺死的敵軍堆在城牆前。到了晚上，這些屍體就會被他們的同袍帶回去埋葬。

在第四個星期的第五夜，外頭的喧鬧聲減弱了。隔天，第一道日光照亮了大地，放眼望去，是敵人撤退時揚起的大量煙塵。

守衛大聲歡呼。沒有人會誤解歡呼聲的意思。圍牆後面等待的部隊接應著歡呼，市民也跟著在街上慶賀，整個城市歡聲雷動。

人們從房屋中衝出來，街道上擠滿了興奮的群眾。幾個星期以來壓抑的恐懼終於找到了出口，變成歡樂的狂歌。貝爾神廟的高塔燃起了勝利的火焰，裊裊上升的藍色煙霧廣傳勝利的信息。

巴比倫的城牆再次擊退了強大又源源不絕的敵人。這些人總覬覦著巴比倫豐富的財寶，想要掠奪和奴役城內的居民。

因為有充分的保護，巴比倫挺過了一個又一個世紀。作為財富之城，巴比倫非得這樣做。

巴比倫的城牆代表著人類需要保護、渴求保護，這種欲望是人類固有的。今天，這樣的欲望和以往一樣強大，但是我們已經有了更廣泛、更好的計畫來達到相同的目的。

現在，保險、儲蓄帳戶和可靠的投資，形成了堅不可摧的保護牆。我們可以防範任何意外的悲劇，不讓它們進到屋子裡來，也不讓它們愜意地坐在壁爐旁。

我們不能沒有足夠的防護。

八

巴比倫的駱駝商人

飢餓的時候，頭腦反而更清晰，對食物的氣味也變得更敏感。阿祖兒的兒子塔卡德就是這樣。在整整兩天的時間裡，他沒有吃任何東西，只是從花園的牆上偷摘了兩顆小無花果。他沒辦法再摘一顆，因為一個憤怒的女人已經衝了出來，一路追他追到街上。她尖聲的叫罵在他穿過市場時，仍在他耳邊迴盪。這也克制了他作祟的手指，不然他又想從市場上其他女人的籃子裡搶走誘人的水果。

他從來沒有意識到巴比倫市場有這麼多食物，聞起來這麼美味。離開市場，他走回旅店，在餐廳前來回走動。也許他可能在這裡遇到一個他認識的人，一個可以借他一塊銅幣的人。這樣，或許不友善的旅館老闆會對他微笑一下，寬待他一些。沒有錢，他非常清楚自己會多麼不受歡迎。

在他胡思亂想的同時，他意外地發現迎面走來的，是自己最不想見到的那個人：又高又瘦的駱駝商人達巴西爾。在全部借過他一些錢的人裡面，達巴西爾讓他最不舒服，雖然是因為自己沒有遵守諾言，及時還款。

達巴西爾的臉一亮。「哈！這不是我一直在找的塔卡德嗎？我一個月前借給他兩塊銅幣，現在能還了嗎？還有再更早之前我借給他的一枚白銀。我們能遇見真好。我今天剛好想好好用一下這些錢。小子，你說呢？小子？」

塔卡德結結巴巴，臉漲得通紅。他的肚子裡什麼也沒有，不敢與直言不諱的達巴西爾爭論。「我很抱歉，非常抱歉。」他含糊地怯聲。「但是今天我沒有銅幣也沒有白銀可以還你。」

達巴西爾說：「你一定有一點銅幣和白銀吧，快拿來還給你父親的老朋友，畢竟他在你需要時慷慨地幫助了你。」

「是因為壞運不斷追著我跑，我才會無法還錢。」

「壞運！竟然會把自己的缺點怪在天神頭上，壞運尾隨著每個只想借錢而不想還錢的人。跟我來，小子，我要吃飯。我現在餓得很，然後我來說個故事給你聽。」

達巴西爾過分直接的坦率讓塔卡德有些退縮，但至少他邀請他一同走進夢寐以求的餐廳大門。

達巴西爾把他推到房間遠邊的角落，兩人在小地毯上坐下來。

當餐廳老闆考斯科微笑著出來招待時，達巴西爾用慣常的隨性對他說：「你這隻沙漠的肥蜥蜴，快給我來一隻山羊腿，要焦香多汁。我還要麵包和各式各樣的蔬菜。我餓得半死，食物多來些。不要忘記我的朋友，給他一壺水。涼的好了，畢竟外面很熱。」

塔卡德的心沉了下去。難道他要坐在這邊喝著水，然後看著這個人吃掉了整隻山羊腿？他什麼也沒說。他想不到要說些什麼。

然而，達巴西爾不知道什麼叫沉默。他微笑著，揮手向其他客人（他們都認識他）友好地致意。他說：

「有一個剛從烏爾法旅行回來的人告訴我，有一位富翁，把一塊石頭磨到薄得透光，來當作窗玻璃用，下雨時雨就不會潑進來。這個人說，因為石頭是黃色的，所以當富翁讓他透過石頭往外看，整個世界看起來非常奇怪，跟平常截然不同。塔卡德，你認為呢？你覺得世界可以在一個人的眼中完全是另一種顏色嗎？」

「可以吧。」塔卡德回答。他整個人的心思都在達巴西爾面前的肥羊腿上。

「嗯，真的沒錯，因為我也有類似的經驗。曾經，在我眼中，世界完全是另一種色彩，和真實的樣貌大相逕庭。現在我要講的故事，就是關於我怎麼重新讓自己看到真實的外在世界。」

「達巴西爾要講故事了。」一旁的客人一面竊竊私語，一面把地毯移近。其他的客人則是帶著食物坐成了一個半圓，擠得塔卡德只聽到這些人咀嚼的聲音，還不小心被別人吃一半的肉掃到。全部人只有他沒有東西吃。達巴西爾沒有請他一起吃，甚至連一小段已經折斷、從盤子上掉到地上的硬麵包，也沒有示意他去撿。

「我要講的故事，」達巴西爾停下來，咬了一大口羊腿，「是我年輕時候的事。你們有人知道，在我成為駱駝商人之前，我曾經在敘利亞當奴隸嗎？」

聽眾此起彼落的驚歎聲，達巴西爾聽了有些得意。

「當我還年輕時，」達巴西爾繼續大啖羊腿，「我學了父親的手藝，製造馬鞍。我在他的店裡和他一起工作，娶了一個妻子。因為還年輕，技術不太好，錢賺得不多，只能勉強養活妻子。好多東西我都想買，只是買不起。不過，我很快就發現，即使我當下付不出來，商店老闆都會讓我賒帳。

「我那時年輕不懂事，不知道一旦開始透支，便會無止境的自我放縱，而最後肯定會招來麻煩和屈辱。我那時候沉迷於華貴的衣飾，想要什麼就買，不管付不付得出來，為妻子和家裡買了好多昂貴的精品。

「我有一段時間照常付款，情況一如往常。但是不久之後，我發現自己的收入已經無法同時維持生活和償還債務。債主開始追上門，要我為我毫無節制的開銷付款，我的生活從那時候開始變得悽慘無比。我只好向朋友借錢，但借了之後也還不了。情況變得愈來愈糟，我的妻子回了娘家。我最後決定離開巴比倫，想說在別的地方，個年輕人可能會比較有機會。

「之後的兩年，我輾轉在不同商隊間，煩躁又一事無成。後來，我遇到了一群人還不錯的沙漠搶匪，和他們一起洗劫沒有警戒的篷車。做這樣的事實在丟盡了家裡的臉，不提也罷，但我那時候就是透過一塊有顏色的石頭看著世界，沒有意識到我墮落到什麼地步。

「我們第一次就大賺一筆，搶到很多黃金、絲綢和珍貴的商品。我們帶著錢跑到吉尼爾去，大肆揮霍了一番。

「第二次我們就沒那麼幸運。才剛把錢搶到手，就被一群長矛手攻擊，原來篷車商隊雇了一名當地部族的首領護駕。我們的兩名頭頭被殺了，剩下的人被帶到大馬士革。在那裡，我們被脫光了衣服，當作奴隸出售。

「一名敘利亞的沙漠首領用兩枚白銀買下了我。剃光了頭髮，然後只穿一塊纏腰布，我看起來和其他奴隸沒什麼兩樣。那時候，我年輕亂來，還想說這不過只是一次冒險。直到有一天，我的主人把我帶到他的四個妻子面前，告訴她們可以把我當成太監來使喚。

「那一瞬間，我才意識到我的處境。這些沙漠民族凶猛好戰。在他們宰制之下，我沒有武器也無法逃生。

「那四個女人看著我，我害怕了起來。一開始，我嘗試和她們眼神接觸，看看能不能得到一點可憐。大太太西拉比其他人年紀大，當她看著我時，她的臉無動於衷，沒有任何一絲情感。我轉向下一位，一個面露不屑的美人，漠然的眼神彷彿把我當作地上的蠕蟲。另外兩個年輕的妻子嘻嘻地笑個不停，好像這一切是個有趣至極的玩笑。

「我等著她們的宣判，等了像一個世紀那麼久。每個女人似乎都願意讓其他人決定。最後，西拉冷冷地說：

「『太監我們已經有很多，但我們沒有幾個負責照料駱駝的人，現在的那些都笨得一點用也沒有。像現在，如果我要去探望發燒的母親，沒有人可以好好牽著我的駱駝。叫這個奴隸去牽駱駝好了。』

「我的主人問我：『你懂駱駝嗎？』

「我不想看起來太想要這份工作，說：『我知道怎麼叫牠們跪下，知道怎麼把貨載到牠們背上，知道怎麼牽著牠們長途跋涉而不會累。如果需要，我還會修理鞍具。』

「我的主人說：『這個奴隸聽起來不錯。西拉，如果妳要，就讓他負責照料妳的駱駝好了。』

「於是，我被交給了西拉。那天，我牽著她的駱駝，走了好長一段路，去探望她生病的母親。在路上，我趁機謝謝她給的機會，並告訴她我不是天生就是奴隸，而其實生來自由，是一位行事磊落的巴比倫馬鞍工匠的兒子。我也告訴她我到目前為止人生中大部分的經歷。她的評論嚇了我一跳，但讓我之後想了很多。

「她說：『當你因為自身軟弱而落入這樣的境地，你還有臉說自己生來自由？如果一個人有奴隸的靈魂，那麼無論他的出生如何，他都會成為一個奴隸，就像水往低處流。如果一個人在他心中擁有一個自由人的靈魂，儘管他遭受了不幸，他仍然會在自己的城市裡得到敬重和榮耀。』

「之後的一年，我雖然和其他奴隸一起生活，我沒有讓自己變成一個奴隸。有一天，西拉問我：『其他奴隸都彼此混熟，一起活動起居，為什麼你獨自坐在帳篷裡？』

「對此我回應：『我還在想妳跟我說過的話，想說我到底有沒有奴隸的靈魂。我無法加入他們的行列，所以我必須分開坐。』

「她說：『我也總是坐在一邊。老爺娶我，是因為我有很多嫁妝，但他不想要我，可是每個女人都渴望被愛。因為這樣，也因為我生不出來，既沒有兒子也沒有女兒，我必須分開坐。如果我是一個男人，我寧死也不願成為這樣的奴隸，但我們部落的習俗就是把女人當成奴隸一樣。』

「『妳現在怎麼看我？』我突然問她。『我的靈魂是自由人還是奴隸？』

「『你想還清你在巴比倫所欠的債嗎？』她質問。

「『想，我想，但我不知道怎麼做。』

「『如果你鎮日安逸地讓歲月流逝，不付出任何努力，那麼你就只有奴隸可鄙的靈魂。人不自重，斯招侮矣。如果不償還債務，沒有人會尊敬你。』

「『但是，我只是一個敘利亞的奴隸，我能做什麼呢？』

「『沒用的懦夫，那你就一輩子在敘利亞當奴隸好了。』

「『我不是懦夫。』我生氣地否認。

「『那麼證明給我看。』

「『我該怎麼做？』

「『你的國王難道不是竭盡所能，用盡一切方式與敵人作戰嗎？你的債務就是你的敵人，它們把你趕出巴比倫。你一開始不去管它們，讓它們肆意滋長，最後變得強大而無法控制。如果你像男人一樣一開始就與它們奮戰，那麼你本來可以征服它們，還會被其他市民所敬重。但是你沒有與它們戰鬥的靈魂，任由自己墮落，最後變成敘利亞的奴隸。』

「西拉毫不留情的指責讓我想了又想。我絞盡腦汁，為了只是想在下次見面時為自己辯駁，證明我不是生來就是奴隸。但這些話我都沒機會說。三天後，西拉的女僕把我帶去見她。

「西拉說：『我母親又病了。去老爺那裡挑兩頭最好的駱駝，把水袋和行囊綁在鞍上，準備遠行。在廚房的帳篷，女僕會給你食物。』我準備好了駱駝和裝備，讓人覺得奇怪的是，女僕給了我很多食物，可是西拉的母親住的地方離這邊不到一天的路程。一路上，女僕騎在後面，我牽著西拉的駱駝走。當我們到達時，天已經黑了。西拉支開女僕，對我說：

「『達巴西爾，你的靈魂是自由人還是奴隸？』

「『是自由人的靈魂。』我堅持。

「『現在是你證明自己的機會。老爺大醉，他的首領也都不省人事。趁現在快騎駱駝逃走。這個包包裡有一些老爺的衣服，穿上後別人就不會知道你是誰。我會說你在我來找生病的母親時，偷了駱駝逃跑了。』

「我告訴她：『妳真是心地善良，我多麼希望我能帶妳走向幸福。』

「她回答說：『為人妻者，想在家以外的遙遠國度裡尋找幸福是不可能的。走自己的路吧，一路上路迢水稀，多祈求沙漠之神的眷顧。』

「我再次誠摯地謝謝她，不等她催促，一話不說地朝黑夜裡逃去。對我來說，這是個完全陌生的地方，我也不太知道往哪個方向走才能去到巴比倫，但我還是越過沙漠，朝著山丘勇敢地前行。我騎著一頭駱駝，牽著另一頭，徹夜趕路，隔天也沒有停下腳步。因為我知道那些偷走了主人財產並試圖逃脫的奴隸，會遇到多慘的命運，所以更加加緊腳步。

「到了傍晚，我來到了一個像沙漠一樣無法居住的地方。我的駱駝在這裡被銳利的岩石擦傷了腳，一路上聽話的牠們仍然迂迴痛苦地緩慢前進。放眼望去，沒有人也沒有野獸，我很清楚他們為什麼迴避這片荒涼的土地。

「從那時開始，就是這樣讓人活不下去的旅程。我們日復一日地走著，食物和水都沒了，太陽炙熱無情。第九天將盡時，我從駱駝上摔了下來後，虛弱到覺得自己再也騎不上去，一定會就這麼死在寸草不生的國度。

「我全身攤平，就這麼睡在地上，直到第一縷陽光乍現才醒來。

「我坐起來環顧四周。早晨的空氣很涼爽，我的駱駝虛弱地躺在不遠的地方。四周是一片崎嶇的野地，布滿了岩石、沙子和多刺的東西，哪裡看起來都找不到水，也沒有給人或駱駝吃的食物。

「難道我要在這片空寂的寧靜中，面對自己人生的結局嗎？我的頭腦比以往任何時候，都要更加清晰。我的身體現在似乎已經不那麼重要了。雖然乾裂的嘴唇流著血，舌頭腫了起來，胃裡空空，但這一切似乎都不像前一天那樣的痛苦。

「當我看著那讓人望之生怯的空蕩，西拉的問題再次浮現在腦海中：我的靈魂是奴隸的靈魂，還是自由人的靈魂？然後，我清楚地意識到，如果我的靈魂是奴隸的靈魂，我現在就會放棄，躺在沙漠中死去。叛逃的奴隸，一生就是如此。

「但是，如果我有一個自由人的靈魂，我會怎麼做呢？我肯定會強迫自己回到巴比倫，償還那些曾經信任我的人，給真正愛我的妻子帶來幸福，並讓父母安心滿足。

「西拉說過：你的債務就是把你趕出巴比倫的敵人。沒錯，為什麼我沒有像男人一樣堅持自己的立場？為什麼我讓妻子回到娘家？

「這時，發生了一件奇怪的事情。整個世界顏色似乎變了，好像我一直以來都透過一片有顏色的石頭觀看世界，而現在石頭突然移走了。終於，我看到人生真正的價值。

「我不會死在沙漠中！有了這個新的體悟，我霎時了解到我應該做的事情。首先，我要回到巴比倫，面對每個債主。我要告訴他們，經過這些年來到處流浪和不幸，我現在回來了。我會盡可能迅速地還清債務。接下來，我會為妻子打造一個家，然後讓父母為我驕傲。

「我欠的債是我的敵人，但我的債主是我的朋友，因為他們曾經信任過我並相信我。

「我踉蹌地站了起來。飢餓算什麼？口渴算什麼？它們只是我通往巴比倫路上的障礙。在我的內心深處，一個自由人的靈魂正等著回去征服他的敵人、回報他的朋友。這個重大的決心，讓人激動不已。

「我的駱駝似乎聽出了我沙啞的聲音裡有些不同，目光變得晶亮。經過一番努力，試了好多次，牠們終於站了起來，堅忍不拔地向北，朝著我心裡覺得我們會找到巴比倫的方向走去。

「一路上，我們找到了水。我們經過了一個肥沃一點的國家，那裡種滿了草和水果。我們找到了通往巴比倫的路。一個自由人的靈魂將生活視為一連串需要解決的問題，然後解決這些問題。一個奴隸的靈魂只會發牢騷：除了為奴，我還能做什麼？

「塔卡德，你呢？你空空的肚子有讓你的腦袋清楚一點嗎？你準備好回到自重之道了嗎？你能看到世界本來的樣貌嗎？無論多少，你真的準備好要還清你欠的債嗎？你希望在巴比倫重新受人尊敬嗎？」

年輕人的眼眶潤濕，他激動地跪了起來。「你讓我看到了未來的可能；一個自由人的靈魂正在我內心騷動。」

「但是你回到巴比倫後，過得如何？」有一名感興趣的聽眾問。

達巴西爾回答說：「只要有決心，就可以找到方法。我既然下定了決心，就著手尋找方法。首先，我拜訪了每個債主，希望他們能再寬限，直到我賺到能還債的錢。大多數人都高興地接見我，有幾個人唾罵我，但也有一些人願意幫助我。有一個人確實給了我所需要的幫助，那就是錢莊老闆馬松。他知道我曾經在敘利亞照顧過駱駝，所以他介紹我去找駱駝商人老涅巴圖爾。為了遠征，我們的好國王剛好在那個時候委託了涅巴圖爾買駱駝。跟在涅巴圖爾身邊辦事，我發揮了我擁有的駱駝知識。漸漸地，我還了我欠的白銀和銅幣。最後，我終於可以在眾人面前抬頭挺胸。」

達巴西爾又吃了幾口。他往廚房大喊：「考斯科老兄，食物都冷了，把現烤的肉送上來，也給我老朋友的兒子塔卡德一份大的。他很餓，要和我一起吃飯。」

古老巴比倫的駱駝商人達巴西爾的故事，就這樣結束了。當他了解了偉大的真理，他就找到了自己的靈魂。早在很久之前，智者就了解和實踐這條真理。

這條真理讓老老少少脫離困境，走向成功，也將繼續幫助那些有智慧並了解其中魔力的人。以下一句話，讓人終生受益無窮：

有志者，事竟成。

九

巴比倫出土的泥板

聖斯威汀學院
諾丁漢大學
特倫特河畔的紐瓦克
諾丁漢
一九三四年十月二十一日

富蘭克林·考德威爾教授
英國科學考察隊
美索不達米亞，希拉

親愛的教授：

您最近在巴比倫遺址挖掘出土的五塊泥板與您的來信，我都收到了。這些東西太讓人著迷了，我花了許多時間愉快地翻譯其中內容，現在才告一段落，於是遲了些才回覆您，請見諒。

泥板平安寄到時，毫髮未損，謝謝您細心的防腐與包裝。

我想，您會和實驗室的我們一樣，驚愕於泥板上描述的複雜故事。大家都以為古時候的故事都是像一千零一夜那樣充滿冒險和神妙。但是，這些泥板上刻著的，是一位名叫達巴西爾的人如何成功還債的歷程。原來五千年前的人，和我們現代人面臨一樣的問題。

我想您可能會覺得聽起來很奇怪，可是這些泥板上的刻字竟讓我有些生氣。作為大學教授，我應該具有思考能力、博學多聞。

然而，這個從巴比倫遺跡中風塵僕僕出現的老傢伙，竟然提出了一個我從未聽說過的方法，不但教人還清債務，還順便累積財富。

聽起來很有趣吧，也讓人想看看巴比倫的那套在現代到底適不適用。我和妻子打算親身實驗一下，來改善一下我們自己堪慮的財務狀況。

祝您萬事如意，並熱切期待下一次能再度幫得上忙的機會。

考古系阿爾弗雷德・舒斯里

第一塊泥板

現在，正值滿月之時。我，達巴西爾，剛從奴隸生活脫身，從敘利亞回到這裡。我下定決心要還清我不少的債務，並在我的故鄉巴比倫成為一個受人尊敬的有錢人。我現在在這塊泥板上刻下我的記錄，指引自己實現最終的願望。

在我的好朋友錢莊老闆馬松的明智建議下，我下定決心要來執行一項確切的計畫。他說過，這個計畫能讓任何行事磊落之人擺脫債務的束縛，得到財富，學會自重。

這個計畫包括三個目的，是我的希望和渴求。

首先，這個計畫得以讓我未來過得優渥。

因此，我所賺取的全部收入的十分之一，將為我自己留存下來。馬松曾明智地說：

「把自己不需要花掉的黃金和白銀都留在錢包裡的人，愛家又忠君。「錢包裡什麼都沒有的人，不顧家又無力輔佐國王，因為他自己內心充滿煩憂。

「因此，希望實現目標的人必須要留存點錢，保持錢包叮噹作響，這樣在內心深處才有餘裕體貼家人、效忠國王。」

第二，這個計畫要讓我能照護我的賢妻，她從岳父的家中賢良地回到我身邊。馬松說，想到要照顧好妻子，男人自然就會自重，並為他的目標增添力量和決心。

因此，我所賺取的全部收入的十分之七，將拿來用在住所、衣服和食物，並花一些額外的小錢，讓我們的生活不至於缺乏樂趣和享受。但是，馬松也特別叮嚀，為了這些日常所需，我們不能花超過收入的十分之七。這就是這個計畫能夠成功的關鍵。我必須量入為出，不多花，也不買我可能無法支付的任何東西。

第二塊泥板

第三，這個計畫讓我從收入中償還債務。

因此，每當滿月時，我要誠實公平地分配收入中的十分之二，還給曾經信任過我、借錢給我的人。這樣，過一段時間，我就能還清我的債務。

在此，我刻下我欠了誰和我欠了多少。

法赫魯，織布工，兩枚白銀六枚銅幣。

辛加爾，椅子工匠，一枚白銀。

阿瑪，我的朋友，三枚白銀一枚銅幣。

贊卡，我的朋友，四枚白銀七枚銅幣。

阿斯卡米爾，我的朋友，一枚白銀三枚銅幣。

哈林希爾，珠寶商，六枚白銀兩枚銅幣。

迪亞貝克，我父親的朋友，四枚白銀一枚銅幣。

阿爾卡哈德，房東，十四枚白銀。
馬松，錢莊老闆，九枚白銀。
比雷吉克，農夫，一枚白銀七枚銅幣。
（以下泥板損壞散裂，無法判讀。）

第三塊泥板

我總共欠這些人一百一十一枚白銀和一百四十一枚銅幣。因為我那時候欠了這些錢，也沒辦法償還，我愚蠢地讓妻子回到娘家，我自己也離開了家鄉，想在其他地方尋求輕鬆致富的辦法，結果卻災難一場，讓自己被賤賣成奴。

馬松已經告訴我可以怎樣用少量的收入來償還我所有的債務。我現在意識到那時候真的好笨，竟然選擇以逃避來面對自己奢侈的下場。

因此，我拜訪了我的債主並向他們解釋，我現在沒有任何資源可以支付我的欠債，但是我會賺錢。我打算將所賺取的全部收入中的十分之二，誠實平均地用於我的債務。我最多可以還這麼多。如果他們有耐心，一段時間後，我的債務就能全額還清。

我原本以為阿瑪是我最好的朋友，但是他狠狠地罵了我一頓，我只好羞愧離去。農夫比雷吉克要我先付給他，因為他急需幫助。房東阿爾卡哈德很討人厭，他堅持我要馬上全額付清，不然他就來找我的麻煩。

剩下的人都接受了我的提議。因此，我比以往任何時候都更加堅決地依照計畫，朝著目標工作，因為我堅信償還自己的債務比逃避更加容易。即使我無法滿足一些債主的需要和要求，我仍然公正地對待所有人。

第四塊泥板

又是滿月懸空高照。這陣子我努力地工作。我的賢妻支持我還債的意圖，齊心齊力。我為涅巴圖爾買到了體強腿健的駱駝，賺了十九枚白銀。

我把這一筆錢照著計畫分用。我留了十分之一作為自己的財產，十分之七則與妻子一同來支付我們的生活費用，十分之二平均分配，以銅幣計算，要還給我的債主。

我沒有見到阿瑪，但我把錢給了他的妻子。比雷吉克很高興我還給他錢，還說要親吻我的手。只有老阿爾卡哈德滿腹牢騷，要我快一點付完。我回答說，如果我吃得飽而又不用為生活擔心，就可以讓我更快還清。其他所有人都感謝我，並對我的努力表示滿意。

因此，這一個月，我的債務減少了將近四枚白銀。此外，我還擁有快兩枚白銀，沒有人可以拿走。我的心很久沒有那麼輕鬆過了。

又是滿月懸空高照。我努力工作，但成效不佳。我買不到幾頭駱駝，只賺了十一枚白銀。儘管如此，我和妻子仍然按照這個計畫用錢。我們沒有買任何新衣服，也吃得很少，只以香草果腹。再次，我留給自己十一枚白銀中的十分之一，然後以十分之七為生。我只能還給阿瑪一點點錢，但他稱讚了我，讓我很訝異。比雷吉克也是如此。阿爾卡哈德怒不可遏，但是我跟他說，如果他不要那就算了，他也就收下了錢。和之前一樣，其他債主沒有人抱怨。

又是滿月懸空高照。這個月我很高興。我攔截到一大個牧群，買了許多健壯的駱駝，因此我的收入是四十二枚白銀。這個月妻子和我花了錢買了急需的涼鞋和衣服。此外，我們也終於有肉可吃。

我們還了超過八枚白銀的債務。這次，連阿爾卡哈德也沒有怨言。

這個計畫很棒，讓我們擺脫債務，又帶來財富，也留下了財富。

自從我上次在這塊泥板上刻字，已經過了三個月。每次我留給自己的錢都是我賺到的十分之一。每次妻子和我都用十分之七來生活，儘管有時很艱難。每次我也都付給債主十分之二。

現在我的錢包裡有二十一枚屬於自己的白銀。這筆錢讓我抬得起頭，引以為傲地和朋友並肩共行。

我的妻子把我們的家打理得很好，也開始穿起了長袍。我們很高興能在一起生活。

把一個從前的奴隸變成一個行事磊落、昂首闊步的人，這個計畫的價值實在難以言喻。

第五塊泥板

又是滿月懸空高照。離我上一次在泥板上寫些什麼，已經很久了。實際上，已經過了十二個月，但是，今天我不會忘記記錄，因為今天我償還了最後一筆債務。今天，我和妻子辦了一場盛大的宴會，慶祝我們的決心終於實現。

我最後一次去找債主時發生了許多事情，我將牢記。阿瑪請求我原諒他不友善的言詞，並說所有人中，我是他最想要結交的朋友。

到頭來，老阿爾卡哈德也不壞，因為他說：「你曾經是一塊隨人任意壓揉的黏土，但是現在你變成了一塊能夠掌握先機的青銅。如果任何時候你需要白銀或黃金，請來找我。」

他也不是唯一一個高度重視我的人。還有許多人恭敬地對我說話。我的妻子看著我時，眼睛發著光，這讓每一個男人對自己充滿了信心。

然而，是這個計畫讓我成功了。它讓我能夠還清債務，錢包裡還有黃金和白銀叮噹作響。我推薦給所有想要在人生出頭的人。如果這個計畫讓一個從前的奴隸能夠償還債務，並擁有了黃金，不就能幫助任何人獲得獨立嗎？我自己也還沒抵達終點。因為我堅信，如果我繼續遵循這個計畫生活，我會更加富有。

聖斯威汀學院
諾丁漢大學
特倫特河畔的紐瓦克
諾丁漢
一九三六年十一月七日

富蘭克林·考德威爾教授
英國科學考察隊
美索不達米亞，希拉

親愛的教授：

如果您在挖掘巴比倫遺址時，撞見什麼幽冥魍魎，認出是一位以前住在那兒，叫達巴西爾的老駱駝商人，請幫我告訴他，謝謝他很久之前刻下的泥板，有幾位在英格蘭的學究，感激不盡。

不知道您還記不記得一年前，我在信中提到，我和妻子打算試試達巴西爾擺脫債務的計畫，同時賺錢。或許您已經猜到，我們生活不甚寬裕，即使我們並沒有向很多人說過這回事。

多年來，我們為錢活得心酸卑屈，總是擔心哪一天債主就會對外揭穿我們的欠債，弄得我不得不辭去教職。我們每一分能擠出的錢都拿去還債了，但仍然還是不夠。我們採買日常用品時也只好常常賒帳，雖然這代表著我們要付更多利息。

一切愈來愈糟，變成了一個惡性循環。我們愈來愈絕望。因為欠房東錢，我們也沒有辦法搬到房租便宜一些的地方。好像怎樣都沒有辦法改善我們的處境。

但是，巴比倫的老駱駝商人出現了，他的計畫正是我們想做的事情。他鼓舞了我們。我們把所有的債務列成一張清單，我拿著清單去找每一個債主。

我向他們解釋，就目前的狀況，我根本不可能還清債務。他們從數字也看得出來。然後我解釋說，唯一能把錢還完的方法，是每一個月我將收入的百分之二十，依照欠款的多寡，按比例分配還款，這樣一來，大概兩年多一點的時間我就可以還清我的債務。同時，我也不再賒帳，將以現金購買生活所需。

大家都很體諒我們的處境。一名蔬果攤老闆是精明的老伯，他幫我們說服了大家：「這三年來你一直賒帳。所以你現在決定用現金買東西，然後定時還錢，這樣好多了。」最後，我請他們簽了一份協議，希望他們只要我定期拿收入的百分之二十出來還債，就不來騷擾我們。

接著，我們開始計畫如何靠收入的百分之七十來生活。我們決定把那額外的百分之十存下來。能存下一些錢的念頭非常誘人。

我們做出大膽、新奇的改變，開始精打細算，試著用收入的百分之七十來舒適過活。我們從租金開始，成功請房東降價。接下來，原本像茶還有其他東西我們都有喜歡的品牌；現在，我們驚訝地發現原來很多時候可以用物美價廉的產品來取代。

對於一封信來說，這個故事太長了，但是無論如何過程並不困難。我們很高興我們這樣做。能解決財務困境，真是讓人鬆了一口氣，現在我們再也不用為了還款期限而煩惱。

但是，我要告訴您關於那剩下的十分之一。我們存了好一段時間。不要笑我，存錢真是最有趣的環節，把不想花掉的錢存下來，慢慢累積下來，感覺真好。

看到這麼多的盈餘比全部花掉更讓人滿足。

我們滿足之餘，發現了可以把錢花在對我們來說更有益的地方。我們每個月把那十分之一拿去投資。現在，這變成我們重生的過程中最讓人心滿意足的部分。這也是我簽的第一張支票。

知道我們的投資穩定成長，這樣的安全感讓人心定。當我要退休時，這筆錢應該就夠我們支付老年的人生。

這一切都讓人難以置信，但完全真實。我們正在慢慢還清所有的債務，同時我們的投資也在成長。此外，我們日常開銷也無虞，甚至活得更優渥自在。誰能相信只要一個財務計畫，然後跟著實行，就能有這麼大的改變。

到明年年底，當我們還清了所有債務，我們將有更多錢可以投資，然後還有閒錢能出門旅遊。

我們下定決心，再也不會讓我們的生活費超過收入的百分之七十。現在您可以理解為什麼我們要感謝那位老駱駝商人，他的計畫讓我們脫離了人生的地獄。

他會了解我們的故事，畢竟他也經歷過。他希望其他人從自己的痛苦中學到什麼，這就是為什麼他耗時費心地刻了泥板。他給同樣為債而苦的人一個重要的訊息，五千年前在巴比倫的真理，到了今日仍然讓人受益。

考古系阿爾弗雷德・舒斯里

十

巴比倫最幸運的人

巴比倫的商人王子沙魯．納達英氣揚揚地領著他的商隊。重視衣裝的他，穿著華美合身的長袍。他也喜歡蒐集名駒，現在駕輕就熟地騎著他充滿活力的阿拉伯名駒。他的外表完全不顯老。可是，也沒有人猜到他內心的困擾。

從大馬士革出發的路程漫長，沙漠的艱辛也多，但這些他並不在乎。阿拉伯部落凶猛，覬覦富有的商隊經過，但這些他也不擔心，畢竟他有眾多隨侍在側的守衛，確保商隊的安全。

讓沙魯．納達煩心的，是身邊這名他從大馬士革帶來的年輕人：哈丹．古拉。哈丹．古拉是他前幾年的搭檔阿拉德．古拉的孫子。對這位老搭檔，沙魯．納達感到虧欠良多，所以想為他的孫子做點事。但是他愈考慮這件事，就愈覺得困難：這個年輕人真是讓人頭疼啊。

看著哈丹．古拉的戒指和耳環，他心想：這小子以為珠寶適合男人，不過他的確遺傳到了他爺爺堅毅的五官，但阿拉德．古拉可沒有穿這種華麗的長袍。然而，我是為了希望能幫上忙，為他的事業起步，好讓他擺脫父親留下的爛攤子，才找他來的。

哈丹・古拉打斷了沙魯・納達的思緒：「為什麼您這麼努力工作，不顧漫漫長途，總是與您的大篷車商隊一起騎行？您從不花時間享受生活嗎？」

沙魯・納達微笑著。「享受生活？如果你是我，你要享受什麼？」

「如果我和你一樣有錢，我會像王子一樣生活。我絕對不會騎過炎熱的沙漠。錢一入袋，我會馬上爽快花光。我會穿上最富麗的長袍，戴上最稀有的珠寶。這樣的生活是我的最愛，值得過上一輩子。」兩人都笑了。

「你的爺爺可沒戴珠寶。」沙魯・納達在想清楚之前就開了口，然後開玩笑地說：「你不想工作嗎？」

哈丹・古拉回應道：「奴隸才要工作。」

沙魯・納達咬了咬下唇，沒有回答。他默默地騎行，直到小徑將他們帶到一座斜坡。他在這裡收緊韁繩，停下了坐騎，指向遠處的綠色山谷：「看，那裡有座山谷。朝遠方看，你可以隱約看到巴比倫的城牆。那座塔就是貝爾神廟。如果你的眼力夠好，你甚至可以看到永恆之火在塔頂燃起的煙。」

哈丹・古拉說：「那就是巴比倫？我一直渴望看到全世界最富裕的城市。巴比倫是我爺爺發跡致富之處。如果他還活著，我們就不會活得那麼拮据。」

「生死有命，我們何必糾結他的魂魄，希望他還流連在人世間？你和你的父親完全可以繼承遺志。」

「唉，我們當中沒有人有爺爺的天賦。父親和我都不知道他致富的祕密。」

沙魯・納達沒有回答，但示意了他的坐騎，若有所思地沿著山谷的小徑騎行。大篷車跟在他們的身後，揚起紅色的塵埃。一段時間過後，他們抵達了國王大道，轉而向南，穿過有灌溉溝渠的農地。

三名在犁地的老人吸引了沙魯・納達的目光，他們看起來莫名的熟悉。實在太好笑了！隔了四十年又經過同樣的地方，卻發現同一批人在那兒耕作，這怎麼可能。然而，他內心裡覺得是一樣的人。其中一個老人沒什麼把握地扶住了犁，另外兩個人費力地跟著，用木棍胡亂打著拖犁的公牛。

四十年前，他好羨慕這些人！還想說他願意和他們交換！但是，現在大不相同。他回頭自豪地看著隨行的大篷車，精選的駱駝和驢，載滿了大馬士革的貴重物品。這一切只是他一部分的財產。

他指著農人，向哈丹・古拉說：「他們仍在耕著和四十年前一樣的田。」

「看起來好像就是這樣，但你怎麼知道他們是同一群人呢？」

沙魯・納達回答：「我在同樣的地方見過他們。」

回憶快速閃過他的腦海。他為什麼不能埋葬過去而活在當下呢？然後，彷彿看到一張圖畫，他看到了阿拉德・古拉的笑臉。他和身邊憤世嫉俗的年輕人之間的障礙，就這麼消失了。

但是，他要怎麼幫助這個自視甚高、揮霍無度、穿金戴銀的年輕人呢？

對想要工作的人，他可以提供很多工作機會，但對於認為自己不需要工作的男人而言，這行不通。然而，為了阿拉德・古拉，他要做點什麼，而且不是隨意無用的半套計畫。他和阿拉德・古拉從來不會這樣做事，他們不是那樣的人。

他突然想到一個計畫，可是這個計畫有著很大的漏洞：他也必須考慮自己的家庭和自己的地位；這個計畫很殘酷，會傷人。但作為一個當機立斷的人，他拋下一切考量，決定馬上採取行動。

「你想聽聽你的爺爺和我合夥後賺了一大筆錢的故事嗎？」他問。

年輕人回答：「為什麼不直接告訴我怎麼製造金幣？這是我想知道的。」

沙魯・納達沒有理他，繼續說：「讓我們從那些耕種的人開始說起。我那時和你歲數差不多。我們一隊人慢慢走近這裡時，農夫米吉多嘲笑這些農人顢頇犁田的樣子。米吉多那時被鍊在我旁邊。他說：『看那些懶惰的傢伙，扶著犁的那個人不努力耕深，趕牛的人也不管牛是不是在犁溝裡。這樣糟糕的技術，怎麼可能期待接下來會豐收？』」

「你是不是說米吉多被鍊在你旁邊？」哈丹・古拉驚訝地問。

「是的，我們脖子銬著青銅項圈，一條重鏈串起我們整隊人。在米吉多旁邊是偷羊賊扎巴多，我在哈倫認識了他。最後一個人我們叫他海盜，因為他沒有告訴我們他的名字。我們認為他是水手，因為他的胸前有像水手一樣的纏繞大蛇的刺青。這樣就是一隊，四個人一起走。」

「這不就像是被拴起來的奴隸嗎？」哈丹・古拉不可置信。

「你的爺爺沒有告訴你，我曾經是奴隸嗎？」

「他經常講到你，但從沒有暗示過這件事。」

「他是一個值得託付內心祕密的人。你也是我可以信任的人，對吧？」

沙魯・納達直視著他。

「你可以相信我，但我還是很驚訝。請告訴我，你是怎麼變成奴隸的？」

沙魯・納達聳了聳肩：「誰都可能一下子就變成奴隸。我是在一間賭場裡，因為酒精催化，被哥哥做的蠢事牽連。在一場鬥毆中，他殺了他的朋友。我的父親為了讓我的哥哥逃過法律制裁，把我抵押給了那個死了丈夫的寡婦。當我的父親籌不出足夠的白銀贖我回去時，她一怒之下就把我賣給了奴隸販子。」

「真是可憐，這什麼正義！」哈丹・古拉為他抱不平。「但是告訴我，你怎麼重新獲得自由的？」

「我等會兒會說到，現在還沒。讓我繼續說下去。當我們經過這裡時，那三名農夫揶揄我們。其中一個人摘下了破爛的帽子，鞠了躬，大叫：『歡迎來到巴比倫，國王的貴客。他在城牆上等著你們，宴席已備妥，有泥磚和洋蔥湯。』他們哄然大笑。

「海盜怒不可遏，大肆咒罵他們。我問他：『那些人說國王在城牆上等著我們是什麼意思？』

「『到了城牆，他們會要你來回搬運磚塊，直到背都斷了。也有可能你在背斷掉之前就被他們打死。但他們不會打我，我會殺了他們。』

「這時米吉多開口說：『不對啊，怎麼可能主人會把願意工作、努力不懈的奴隸打死？主人喜歡好的奴隸，並善待他們。』

「『誰想要努力工作？』扎巴多說。『那些農夫很聰明。他們沒有操勞自己，只是假裝努力然後打發時間。』

「『卸責的人不會成功。』米吉多說。『如果一天犁了一公頃的田，那就是努力，任何主人都會知道。但是，如果只犁了一半，這就是卸責。我從來不這樣。我喜歡工作，也喜歡做出色的工作，因為工作是我最好的朋友，帶給我曾擁有過的所有美好事物，包括我的農場、牛和農作物。所有東西都是。』

「『是啊，可是這些東西現在在哪裡？』扎巴多嗤之以鼻。『聰明才賺得多，成天打混，不需要幹活才好。如果我們被賣到城牆，我扎巴多只會提提水袋或做一些輕鬆的事情，讓喜歡工作的你去挑磚挑到背脊斷掉吧。』他蠢笑著。

「那天晚上我很害怕，睡不著。當其他人睡著時，我擠到警衛繩附近，正在站第一輪崗哨的是戈多索。他是典型的阿拉伯暴徒，這種人，如果他搶了你的錢包，也會順便劃開你的喉嚨。

「『告訴我，戈多索，』我小聲地說，『當我們到達巴比倫時，我們會被賣到城牆嗎？』

「『你為什麼想知道這個？』他警覺地問。

「『你不明白嗎？』我懇求他，『我還年輕，我還想過正常生活，我不想在牆上工作到死或是被打死。有沒有機會會碰上一個好主人？』

「他低聲說：『我告訴你，你是好人，不要給戈多索帶來麻煩。通常，我們會先去奴隸市集。注意聽，買主來時，告訴他們你是好工人，喜歡為好主人努力工作，讓他們想把你買下來。如果他們不買你，隔天你就要搬磚塊去了，辛苦要死的工作啊。』

「他走開後，我躺在溫暖的沙上，抬頭望著星星，想著工作。米吉多說工作是他最好的朋友，這讓我想知道，工作是不是也會是我最好的朋友，幫助我脫離困境。

「米吉多醒來後，我把這個好消息低聲向他說了，這是我們抵達巴比倫前的一線希望。那天下午，我們逐漸靠近城牆，可以看到像黑螞蟻一樣一列列的人爬上爬下。當我們走近時，驚訝地看到成千上萬的人在工作；有些人正在挖護城河，另一些人將泥土混進了泥磚中，大部分的人是將磚塊裝在大籃子裡，沿著陡峭的小路，往上送去給泥瓦匠。[1]

「守衛痛斥那些落後的人，誰敢脫隊，後背就會挨上一記牛鞭。又累又

1 古巴比倫的城牆、神廟、空中花園和大運河等鉅作，多是由奴隸建造的。這些奴隸主要是戰俘，這解釋了他們受到的不人道待遇。奴隸也包括許多因犯罪或經濟困難，被賣為奴隸的巴比倫及其他省分的公民。男性通常可以將自己，妻子或子女抵押，以保證償還借款。在違約的情況下，那些被抵押的人就會被當成奴隸拍賣。

慘的人們跌跌撞撞地挑著沉重的籃子，站不起來。如果鞭打沒辦法讓他們站起來繼續工作，他們就會被推到路邊，自生自滅。很快地，他們就會和其他倒在路旁的虛弱身軀一起被丟進沒人祈福的墳塚。看到這樣的場景，我不禁顫抖。如果我在奴隸市集沒有被好的主人買走，那麼這裡就是我人生的終站。

「戈多索說得沒錯。穿過城門後，我們先被帶去奴隸監獄。第二天早晨，我們被送進市集的圍欄。在這裡，其他的人都惶恐瑟縮，只有警衛的鞭子才能讓他們繼續前進。我和米吉多努力地和每個允許向我們說話的人交談。

「奴隸販子帶著國王衛隊的士兵走了過來，海盜抗議時被他們制服痛毆。最後，他們把海盜帶走。我很為他難過。

「米吉多覺得我們很快就會分開，當沒有買家在附近時，他很認真想要讓我知道工作對我的未來會多麼有價值：『有些人討厭工作，他們把工作當成敵人。但最好像朋友一樣對待工作，讓自己喜歡，不要因為工作困難而多想。如果你覺得自己蓋的房子真好，那麼誰會在乎梁是否沉重，誰會在乎要提水來混水泥時，井離得很遠。答應我，年輕人，如果你找到主人，就努力為他工作。如果他不喜歡你所做的一切，也不要介意。記住，做得好的工作對做這項工作的人有好處。這讓他變得更好。』當一個魁梧的農夫來到圍欄邊審視我們時，米吉多停了下來。

「米吉多問了他的農場和農作物，不久就推銷自己是個很有用的人。那名農夫與奴隸販子激烈地討價還價後，從長袍下面抽出一個裝得滿滿的錢包，米吉多就跟著他的新主人走了。

「早上還有一些人被買走。到了中午，戈多索向我說，奴隸販子不開心，不會再多待一晚，到了日落，就會把剩下的人都賣給國王。我非常絕望。這時，有個看起來友善的肥胖男人走近，問說我們有沒有人是麵包師傅。

「我走近他，說：『你這樣厲害的麵包師為什麼還要再找一個技術比較差的麵包師傅呢？把你的技術傳授給一個像我一樣願意工作的人，不是更簡單嗎？看看我，我年輕、強壯、喜歡工作。請給我個機會，我會盡力為你的錢包賺進黃金白銀。』

「他對我的意願印象深刻，開始與奴隸販子講價。奴隸販子原本完全沒注意到我，但是他現在用他三寸不爛之舌推銷我的能力，還說到我身體健康、個性純樸。我覺得自己好像是要賣給屠夫的肥牛。但最後，令我高興的是，交易完成了，我跟著我的新主人離開，以為我是巴比倫最幸運的人。

「我很喜歡我的新家。主人納那奈德教我如何在院子裡的石碗裡磨大麥，如何在烤箱裡生火，然後如何把芝麻粉磨得很細用來做蜂蜜蛋糕。我在他儲藏穀物的棚舍裡有一張躺椅。老奴隸斯瓦斯蒂是管家，把我餵得很飽，她很高興有我幫她做粗重的工作。

「這是我渴望讓自己對主人有價值的機會，我也希望能因此找到自由。

「我請納那奈德教我怎麼揉麵包和烤麵包。他很高興我這麼努力，就教了我。後來，當我做得很好時，我請他告訴我如何製作蜂蜜蛋糕。不久後，全部的麵包都是我在烤。我的主人很高興能閒著，但斯瓦斯蒂不以為然地搖了搖頭。『沒工作對誰都沒好處。』她說。

「我覺得是時候該思考一下，有什麼方法可以開始賺錢來贖回自己的自由。既然麵包坊的烘焙在中午就結束，我想納那奈德會同意我在下午去找份工作，賺到錢之後和他平分。然後，我突然有個念頭：為什麼不多烤一些蜂蜜蛋糕，拿到街道上向飢餓的群眾兜售？

「我向納那奈德說了我的計畫：『既然早上麵包就烤完了，那麼如果我用下午的時間為你賺錢，我要拿一些才公平吧，這樣我就可以擁有自己的錢，來買自己想要和需要的東西。』

「『很公平，很公平。』他承認。當我告訴他我打算出售我們的蜂蜜蛋糕時，他非常高興。他建議：『錢我們這樣分。蜂蜜蛋糕你兩點拿去賣，一個賣一分錢，一半是我的成本，拿來付麵粉、蜂蜜和生火用的木柴。剩下的，我們對半平分。』

「他願意慷慨地分給我四分之一的收入，讓我很開心。那天晚上，我工作到很晚才把要擺蛋糕的托盤做好。納那奈德給了我一件破舊的長袍，讓我得以出外見人，斯瓦斯蒂幫我把衣服補好然後洗乾淨。

「第二天，我烤了比平常多的蜂蜜蛋糕。當我沿著街道大聲叫賣，這些蛋糕在托盤上看起來焦香誘人。起初似乎沒有人感興趣，我有點沮喪。但我繼續叫賣，到了下午，當大家開始飢腸轆轆，開始有人來買蛋糕，不久我的托盤就空了。

「納那奈德看到這樣的成果，非常高興，二話不說就把我的份給了我。我很高興自己能賺到這幾分錢。米吉多說得很對，一個主人的確會喜歡他的奴隸所做的出色工作。那天晚上，我太興奮，幾乎睡不著，我想要算出這樣下去我一年能賺多少錢，然後還要多少年才可以為自己贖身。

「當我每天拿著蛋糕托盤出去叫賣時，很快就找到了固定的顧客。其中一個就是你的爺爺阿拉德・古拉。他是地毯商人，專門賣給家庭主婦。他把地毯疊在驢子上，帶著一名負責照料驢子的黑奴，在城內各處兜售。他會為自己買兩塊蛋糕，也為他的奴隸買兩塊。當他們吃蛋糕時，總是慢慢拖著時間，和我攀談。

「有一天，你的爺爺對我說了一句話，我永生難忘。『年輕人，我喜歡你的蛋糕，但我更喜歡的是你做生意的態度。這種精神可以帶你通往成功之路。』

「可是，哈丹・古拉，我要怎樣才能讓你了解這句鼓勵對我的意義呢？對一個在大城市裡，正在傾盡全力尋找方法擺脫困境的奴隸青年，這代表著什麼呢？

「隨著時間的流逝，我繼續一點一滴的存錢，我的錢包開始讓我的腰帶有了沉沉的感覺。正如米吉多所說，工作看來是我最好的朋友。我很高興，但是斯瓦斯蒂很擔心。『你的主人陷在賭場裡了。』她說。

「有一天，我在街上巧遇我的朋友米吉多。他正帶著三頭載滿蔬菜的驢子前往市場。他說：『我過得很好。我的主人很讚揚我傑出的工作，我現在是工頭，他還叫我帶著東西來市場賣。他也派了人去接我的家人。工作讓我脫離了麻煩，有一天工作會幫助我重獲自由，並再次擁有自己的農場。』

「時間過去了。每次我出門叫賣，納那奈德愈來愈心急，希望我快點回來。當我回來時，他早就等著，然後快速地數了錢並分配。他也要我拓展市場，增加銷售。

「我經常到城門外，向造牆奴隸的守衛兜售我的蛋糕。我討厭回到那令人討厭的地方，但我發現守衛總是買得不少。有一天，我驚訝地看到扎巴多排著隊，等著籃子裝滿磚塊。他憔悴駝背，背上布滿了守衛的鞭痕和潰瘡。我為他難過，所以遞給他一塊蛋糕。他像一隻飢餓的動物，把蛋糕囫圇塞進了嘴裡。看著他貪婪的眼神，我在他抓到我的托盤之前就跑走了。

「有一天，阿拉德・古拉問我：『你為什麼這麼努力？』你還記得嗎？

這跟你今天稍早之前問我的問題幾乎一樣。我告訴他米吉多說的關於工作的事，也告訴他看來工作的確是我的好友。我也自豪地給他看了我的錢包，告訴他我要用這筆錢買回我的自由。

「『當你自由的時候，你會做什麼？』他問。

「『那個時候，我打算成為商人。』我回答。

「聽到我的話，他向我吐露了心意。這是我從未猜到的事情。『你不知道我也是個奴隸，我與我的主人合夥。』」

哈丹．古拉怒道：「別說了。我不會聽誹謗我爺爺的謊言。他不是奴隸。」他的眼神充滿了怒火。

沙魯．納達保持鎮定。「他能擺脫不幸並成為大馬士革的名人，我非常尊敬。身為他的孫子，你和他一樣嗎？你有勇氣面對真正的事實，還是你寧願生活在虛幻的幻想中？」

哈丹．古拉坐直了身子。壓抑著情緒，他回答：「我的爺爺深受所有人的喜愛。他的善舉無數。饑荒來臨時，他不是拿了黃金去埃及買穀物，然後用篷車運到大馬士革，分發給所有人，最後沒有半個人餓死？現在你說他在巴比倫時只是一個受人鄙視的奴隸。」

沙魯・納達回答：「如果他仍然是個巴比倫的奴隸，那麼他很可能受人鄙視。但是當他藉由自己的努力成為大馬士革的偉人時，諸神確實寬容了他的不幸，並榮耀了他。」

沙魯・納達繼續說道：「在告訴我他是奴隸之後，他說他為自己要獲得自由擔心了好久。他現在有足夠的錢贖回自己，但他不知道接下來該做什麼。他最近生意也不太好，擔心一旦沒有主人的支持會發生什麼事。

「我告訴他不能這麼優柔寡斷：『不能再緊抓住你的主人。你要有成為自由人的決心。像一個自由人一樣行事，像一個自由人一樣成功！決定你想要達成的目標，然後工作將幫助你實現目標！』他離開時說他很高興我羞辱他的懦弱。[2]

「有一天，我走出大門時，驚訝地發現那裡聚集著一大群人。當我問一個人發生什麼事，他回答說：『你沒聽見嗎？有一個奴隸，殺了國王的一個守衛，然後逃跑了。他後來被抓到，繩之以法，今天要處死。國王本人也會在現場觀看。』

「在鞭笞台旁的人群非常擁擠。我不想打翻我盛著蜂蜜蛋糕的托盤，所以沒有靠近。我爬上了未完成的城牆，俯視過人們的頭頂。我很幸運能看到尼布甲尼撒親自騎著他的金色馬車，我從未見過如此華美，無論是他的長袍、車上的金布和天鵝絨帷幔都讓我目瞪口呆。

「雖然我看不見鞭刑，我可以聽見可憐奴隸的慘叫聲。我想，一個像我們國王那麼英俊高貴的人怎麼能忍受這樣的折磨景象，但是當我看到他和他

2 古巴比倫的奴隸習俗，雖然在我們看來似乎和我們想的差很多，但其實受到法律的嚴格管制。例如，奴隸可以擁有任何種類的財產，或者擁有自己的奴隸，其主人也沒有所有權。奴隸與非奴隸自由通婚。自由母親的孩子是自由人。大多數的城市商人是奴隸，其中許多人與主人合夥，變成有錢人。

的貴族有說有笑時，我知道他是個很殘酷的人，也明白了為什麼修建城牆的奴隸會受到這麼不人道的對待。

「那名奴隸死後，他的身體被倒掛在一根桿子上，讓所有人都可以看到。隨著人群開始疏散，我走近了。在毛茸茸的胸膛上，我看到了兩條纏繞在一起的蛇的刺青。是海盜。

「我下次遇到阿拉德・古拉時，他已經變了個人。他滿腔熱情地向我打招呼：『看哪，你曾經認識的奴隸現在是個自由人了。你的話語有魔力，我的生意和收入都好轉了。我的妻子喜出望外，她是一個自由的女人，是我主人的侄女，她非常希望我們可以搬到一座陌生的城市，那裡沒有人會知道我曾經是個奴隸，我們的孩子也不會因為父親的不幸而遭受指責。工作已經成為我最好的幫手，讓我重新獲得了信心和賣東西的技巧。』

「我很高興我能貢獻微薄的力量，來回報他給我的鼓勵。

「有一天晚上，斯瓦斯蒂滿臉憂愁地來找我：『你的主人遇上了麻煩，我為他擔心。幾個月前，他在賭桌上輸了很多錢。他向農人買了穀物和蜂蜜，可是他付不出錢。他也無法還他欠的債。每個人現在都很生氣地威脅他。』

「『我們為什麼要操煩他的愚蠢，又不是我們養他。』我輕率地回答。

「『愚蠢的年輕人，你不理解。他向債主抵押了你好借錢。根據法律，他可以把你賣掉。我不知道該怎麼辦？他是一個好主人。為什麼？喔為什麼？為什麼這樣的麻煩會降臨在他的身上？』

「斯瓦斯蒂的擔心不是沒有根據的。第二天早上我在烤麵包的時候，債主和一個叫薩西的男人來了，他打量了我一眼，說了聲可以。

「債主沒有等我的主人回來，而是叫斯瓦斯蒂傳話，說他已經把我帶走了。我只有身上的一件長袍和安全地懸掛在皮帶上的錢包。我麵包烤到一半，就被迫離開。

「我就像是颶風從森林中連根拔起的樹，被丟進洶湧的大海。我自由的希望幻滅了。再一次，賭場和酒精帶來了災難。

「薩西是個老粗。他帶著我離開，走過整座城市時，我一直告訴他我為納那奈德做了多少出色的工作，並說我也希望為他好好辦事。他的回答完全沒有激勵到我：

「『我不喜歡這個工作，我的主人也不喜歡。國王要他派我去建造大運河的一部分。主人告訴薩西要買更多的奴隸，加速工作，盡快完工。操，一項大工程怎麼可能一下子就做完？』

「想像一下沙漠裡沒有一棵樹，只有低矮的灌木叢。烈日照耀下，桶裡的水燙到根本沒有辦法喝。然後想像成排的人，拚命挖啊挖的，從早到晚，來回走在軟爛的小徑，揹著沉重的籃子，把挖出來的土往上送。想像在敞開食槽中的食物，我們只能像豬一樣吃；沒有帳篷，沒有草蓆。這就是我面臨的處境。我在一個作了記號的地方把錢包埋了，我想我可能再也沒有機會把錢挖出來用。

「一開始，我還是很認真上進地工作。可是熬不過幾個月，我就覺得自己要撐不下去了。更慘的是，我還染上熱病而虛弱不已。我毫無食欲，無論什麼都吃不下；晚上在抑鬱之中輾轉難眠。

「可憐兮兮的我，那時候總是想，或許扎巴多才是對的，奴隸最好就是打混裝忙，才不會累到連命都沒了。可是，我又想起我上一次看到他的情景，心底知道他的方法行不通。

「我也想到充滿仇恨的海盜，乾脆起身反抗，大殺一頓。可是，想到他血淋淋的屍體，我也知道這樣沒用。

「這時，我想到我最後一次看到米吉多的時候。他雖然雙手長滿厚繭，但他看起來好愉悅，滿臉洋溢著幸福。看來他的人生之道才是最好的選擇。

「可是，我和米吉多一樣，我也想努力工作。他不可能比我還賣力，為什麼我的工作沒辦法讓我像他一樣幸福，甚至成功？米吉多到底是因為工作而幸福，還是得到神賜予的好運？難道我下半輩子都要過這樣的生活，無法滿足我的願望，得不到幸福嗎？我的腦中縈繞著這一連串問題，卻毫無解答。我非常困惑。

「幾天後，我仍然沒有答案，身心也瀕臨崩潰。這時，薩西把我叫了過去：原來，從巴比倫傳來了訊息，我的主人叫我回去。我把我的錢包挖了出來，穿著破爛的衣服，就上路了。

「一路上，我發著高燒，腦中的思緒像颶風襲擊時的混亂，我的人生就像是故鄉的一首歌謠唱的：

風捲雨落人生路，
漫漫長年不可知。

「難道我在不知道的時候，做錯了什麼，冒犯了神，而註定要過這樣的人生嗎？未來還要承受多少痛苦和失望呢？

「當我們抵達主人家的庭園，你猜誰在那裡等我？是你的爺爺，阿拉德・古拉。他扶我下了駱駝，像失散多年的親兄弟一樣，緊緊地抱住了我。

「我像是奴隸跟著主人一樣，跟在阿拉德・古拉身後走著。但是他不准，說我要和他並肩同行。他說：『我到處找你。當我快要放棄時，我終於找到斯瓦斯蒂，她告訴我你原來主人的債主是誰。我又透過這個債主，找到了買下你的新主人。他漫天喊價，可是我不管，你值得我這樣做。因為你的人生哲理和生意態度，我才會有今日，是你啟發了我。』

「我說：『我也是米吉多教我的！』

「他說：『是米吉多，也是你，是你們兩個的功勞。來，我們正準備去大馬士革，你來當我的合夥人。你很快就能重獲自由。』他一面這麼說，一面從懷中拿出一塊泥板，上面刻著我的名字和奴隸的身分。他把泥板高舉過頭，然後用力地摔在地上，泥板碎成萬片。他開心地繼續踩著碎屑，直到地上只剩煙塵。

「我好感動，眼睛盈滿了淚水。我知道我是巴比倫最幸運的人。「你看，在我最困頓的時候，工作的確是我最好的朋友。我因為想要認真工作，才能逃離修築城牆的奴隸人生。也因為如此，才能結交你的爺爺，獲他賞識，成為他生意上的合夥人。」

聽到此，哈丹・古拉問：「我爺爺致富的祕密也是如此嗎？」

沙魯・納達說：「從我一開始認識他，他就是個熱愛工作的人，我想這也是他唯一的祕密。因為這麼努力，才會得到天神慷慨的眷顧。」

哈丹・古拉若有所思地說：「我慢慢懂了。爺爺之所以有這麼多一起打拚的朋友，在大馬士革這麼風光、這麼受人敬重，讓我們過著衣食無缺的富足生活，都是因為勤奮努力的工作。而我一開始還以為只有奴隸才要勞動。」

沙魯・納達說：「人生漫漫，每分每秒都值得細嚐，凡事過猶不及，無論逸樂或勞動都有存在的意義。我很高興不是只有奴隸才需要工作。如果是這樣的話，我的人生會毫無樂趣，畢竟，我非常樂於工作，工作中獲得的樂趣沒有什麼能取代。」

這時，沙魯・納達和哈丹・古拉已經騎到了巴比倫高聳的城牆邊，準備走進青銅大門。門邊的守衛看到他們，迅速起身向他們敬禮。沙魯・納達昂首自信地率領著篷車隊進城，走上了巴比倫的大街。

哈丹・古拉向沙魯・納達坦承：「我一直都想像爺爺一樣，只是我從來不知道他是什麼樣的人。謝謝你今天說的故事。既然我現在懂了，我更敬佩他，也更想和他一樣。你告訴了我他致富的祕密，我不知道怎麼報答你。從今天開始，我會跟隨爺爺的腳步，從零開始，這才是我現在的狀況，華服和珠寶根本不適合我。」

哈丹・古拉一面說，一面摘下身上的首飾。他勒住韁繩，恭敬地騎在沙魯・納達之後。

十一

巴比倫歷史簡述

在歷史的記載中，沒有哪座城市比巴比倫更加輝煌。巴比倫的名字讓人腦中自動浮現財富和富麗的景象，想到無止境的黃金和珠寶。人們多半認為，這座富饒的城市一定是在資源豐富的熱帶，有取之不盡的自然資源，周圍環繞著森林和礦山。但事實並非如此，巴比倫在幼發拉底河畔一處平坦乾旱的山谷中，沒有森林，沒有礦產，甚至沒有建築用的石頭。巴比倫也不是在重要的貿易要道上，降雨量不足，無法種植農作物。

巴比倫是人定勝天的絕佳例子。人利用現有的資源與方法，達成目標。所有支持這座城市運作的一切都是人造的，財富自然也是由人累積下來的。

巴比倫擁有的，不過是肥沃的土壤和一旁的河川。巴比倫工程師建造用來引水的水壩和巨大的灌溉溝渠，是古往今來最偉大的工程成就。這些運河讓整座乾旱的山谷都有了水，肥沃的土壤因而滋養出生命。這是歷史上最早的工程壯舉。因為這個全世界前所未有的灌溉系統，巴比倫才有豐盛的農作物。

幸運的是，在悠久的歷史中，巴比倫的歷代君王裡，並無野心勃勃之人，征戰和掠奪並非常態。儘管巴比倫仍參與了許多戰事，但大多數戰爭規模都不大，巴比倫也多採守勢來對抗其他國家的覬覦。巴比倫的君王不是企圖征服世界的梟雄霸主，而是因為智慧和正義留名的能人賢士。

巴比倫這座城市已經不存在了。如今，幼發拉底河畔曾經人口眾多的山谷，曾經溝渠滿布的農地，又變回旱地。肥沃的田野、熙攘的城市、載滿物品的商隊，都一去不復返。

幾個世紀以來，在旅人眼中，這裡不過就是一座有些小丘陵的山谷。但在偶爾的暴雨沖刷下，考古學家注意到這裡有陶片和磚碎。

許多科學家認為，巴比倫和這座山谷其他城市一樣，都是現存史料記載中最古老的文明，有證據顯示它們在距今八千年前出現。至於如何估算出這個日期，科學家用了一個有趣的方法。在巴比倫的廢墟中，出土了關於日食的描述。現代天文學家計算天體運行的週期，看看什麼時候能在巴比倫地區看到日食，進而回溯巴比倫曆法。

藉由這種方式，我們知道，八千年前，蘇美人在巴比倫一帶已經住在有城牆的城市中。由此我們推測，在這之前好幾個世紀，他們已經存在。這些居民不是躲在牆內的野蠻人。他們受過教育、文化開明。就史料記載，蘇美人是人類史上第一批工程師、天文學家、數學家、投資客。他們也是第一個有文字的文明。

除了灌溉山谷土地，巴比倫的工程師還完成另一項同等規模的壯舉。他們設計了複雜的排水系統，抽乾了幼發拉底河和底格里斯河河口的一片沼澤地，讓人們得以開墾耕種。

古希臘的歷史學家希羅多德，在巴比倫鼎盛時來此遊歷，並且留下了現存唯一外地人對巴比倫的描述。他的文字生動細緻地捕捉了這座城市的風采，和某些不尋常的風俗習慣。他也提到了土壤的肥沃，和巴比倫豐收的小麥和大麥。

儘管巴比倫已不再風光，但它的智慧留存了下來。我們要特別感謝巴比倫人記錄的形式。那時候，紙還沒有發明，巴比倫人需要費力地將字刻在潮濕的泥板上，完成後經過烘烤，泥板就會變硬。泥板長約二十公分，寬十五公分，厚二點五公分。

和我們現代書寫的習慣類似，這些泥板記錄了關於巴比倫的種種。泥板的內容包括民間傳說、詩歌、歷史、皇室律令的謄本、土地法規、財產所有權、契約書，甚至也有交由信差送去遠方城市的書信。從這些泥板中，我們讀到了巴比倫的日常。

巴比倫的一大奇觀，就是環繞城市的巨大城牆。古人將巴比倫的城牆與埃及的大金字塔，並列在世界七大奇觀中。塞米勒米斯皇后，據說是最早下令建造城牆的人。現代的考古學家並沒有發現任何原始牆壁的遺跡，也不曉得有多高。根據留下的記載，估計約十五到十八公尺，外牆由燒製過的磚頭砌成，城外還有很深的護城河。

在西元前六百年，納博波拉薩國王下令修建了現在較為知名的城牆段落。但工程浩大，在他死前並未完成。接續的是他的兒子，《聖經》中提到過的尼布甲尼撒。

這些城牆的規模讓人瞠目結舌。據可考的記載指出，城牆的高度將近五十公尺，相當於一棟現代十五層樓高的辦公大樓。總長度約十五公里左右。城牆頂非常寬，可以駕著六匹馬拉的馬車繞行城牆。

巴比倫的城內規劃就如同一座現代的城市，有街道和商店，小販在住宅區各處兜售，祭司在宏偉的神廟裡主持儀式。城市中心是皇居，據說皇居的內牆要比外城牆還高。

巴比倫留給後世精湛的藝術作品，包括雕塑、繪畫、編織、黃金工藝、金屬武器和農具的製造。我們從當時有錢人的墓中，出土了許多巴比倫珠寶匠的絕美首飾，現在為全世界各大博物館中展出。

當世界其他地方還在用石頭做成的斧頭砍樹，或者用打火石削成的矛尖和箭來打獵或戰鬥，巴比倫人已經使用帶有金屬頭的斧頭、矛和箭。

巴比倫人是聰明的金融家和商人。據我們所知，他們發明了以貨幣交易的方式，還有契約書和書面產權權狀。

直到西元前五百四十年，巴比倫才被敵軍攻陷。即使如此，巴比倫的城牆也沒有傾頹。不尋常的，是巴比倫陷落的故事。當時來犯者，是希望攻下巴比倫堅不可摧城牆的居魯士大帝。巴比倫的拿波尼度斯國王聽取大臣建議，出城迎戰，避免敵人圍城。但拿波尼度斯後來敗逃，於是，居魯士沒有遭遇任何抵抗，堂而皇之進城，接收了城內的一切。

現在，遠古的繁華已煙消雲散，但巴比倫的文明和智慧卻永世流傳。

巴比倫最有錢的人，刻字匠阿卡德的財富自由之路

——傳承百年，獲得財富與幸福的五大黃金法則

作　　者 —— 喬治・山繆・克拉森（George Samuel Clason）
譯　　者 —— 蔡宗翰
封面設計 —— 萬勝安
責任編輯 —— 劉素芬、張海靜
行銷業務 —— 王綬晨、邱紹溢
行銷企劃 —— 曾志傑
副總編輯 —— 張海靜
總 編 輯 —— 王思迅
榮譽顧問 —— 郭其彬
發 行 人 —— 蘇拾平
出　　版 —— 如果出版
發　　行 —— 大雁出版基地
地　　址 —— 台北市松山區復興北路333號11樓之4
電　　話 ——（02）2718-2001
傳　　真 ——（02）2718-1258
讀者傳真服務 ——（02）2718-1258
讀者服務信箱 —— E-mail andbooks@andbooks.com.tw
劃撥帳號 19983379
戶　　名 —— 大雁文化事業股份有限公司
出版日期 —— 2020 年 10 月 初版
定　　價 —— 299 元
ISBN 978-957-8567-72-6

歡迎光臨大雁出版基地官網
www.andbooks.com.tw
訂閱電子報並填寫回函卡

國家圖書館出版品預行編目 (CIP) 資料

巴比倫最有錢的人，刻字匠阿卡德的財富自由之路：傳承百年，獲得財富與幸福的五大黃金法則 / 喬治．山繆．克拉森 (George Samuel Clason) 著；蔡宗翰譯．-- 初版．-- 臺北市：如果出版：大雁出版基地發行，2020.10
面；　公分
譯自：The richest man in Babylon

ISBN 978-957-8567-72-6(精裝)

1. 職業倫理 2. 財富

198　　109015257

如果